Dime qué canción escuchas y te diré qué esconde

Redbook

Dime qué canción escuchas y te diré qué esconde

Daniel Domínguez

MA
NON
TROPPO

© 2016, Redbook Ediciones, s. l., Barcelona

© 2016, Daniel Domínguez

Diseño de cubierta e interior: Regina Richling

ISBN: 978-84-15256-94-6

Depósito legal: B-5.633-2016

Impreso por SAGRAFIC
Plaza Urquinaona 14, 7º-3ª 08010 Barcelona

Impreso en España - *Printed in Spain*

A Jaume Gasulla «Drakis», héroe legendario de las seis cuerdas, cinéfilo empedernido, paciente mentor y gran amigo desde tiempos inmemoriales. Si no hubieras puesto en mis manos aquel disco azul de los Beatles probablemente este libro no habría existido.

índice

Daniel Domínguez

Daniel Domínguez

Introducción

Las canciones forman parte de nuestra vida cotidiana. Queramos o no estamos rodeados de melodías, esperando en el andén del metro un día de huelga, comprando provisiones en el supermercado para un fin de semana de relax o bien ante un anuncio de televisión donde una viajera del futuro malgastará absurdamente su periplo para ofrecernos un detergente.

Nos guste más o menos la música, en ocasiones nos sorprenderemos silbando alguna canción, quizás nos la ha pegado nuestro compañero de oficina mientras la tarareaba. Una vez en nuestra cabeza será muy difícil deshacerse de ella. Y es que el poder de la música es enorme, desde la furia explosiva de Keith Moon aporreando la batería al acercamiento experimental del jazz al rock por parte del genio Miles Davis.

El acceso a ella, a día de hoy, es una broma comparado con las mil y una tribulaciones por las que pasábamos los que ya peinamos canas. Que levante la mano quien haya grabado directamente de la mini cadena en casete, en ocasiones se nos acababa la cinta y seguíamos con la grabación en la siguiente cara haciendo auténticos "pegotes" con las canciones. Ahora solo necesitamos tener el móvil en el bolsillo para disfrutar de millones de piezas en tan solo segundos, pero en los ochenta tenías que ir con el *walkman* (los que éramos pobres teníamos uno que solo reproducía y rebobinaba).

Luego llegaron los primeros compact disc portátiles, que bueno... lo de portátil era cuestionable ya que con moverlo un ápice la canción se paraba en seco y el lector debía resolver la teoría de cuerdas para volver a reproducir ahí donde se había quedado.

Más tarde se hicieron robustos como tanques y ya podías menear todo lo que quisieras que no se paraban. Pero seguían teniendo un hándicap, estabas limitado a un cd de 80 minutos. Por lo que había que cargar con una mochila de cd's si querías tener más variedad de música. Por suerte la tecnología siguió avanzando y llego el mp3... qué gran noticia para los Diógenes de las canciones, ya podíamos tener en un solo compact toda la discografía de los Beatles para llevarla en reproductores portátiles o en el coche.

Y con eso ya llegamos a la más reciente actualidad, con la muerte del Ipod (no así el de los reproductores portátiles hi-fi para audiófilos) y el nacimiento de los servicios de música por *streaming*.

Bien pacientes lectores, después de tragaros esta tostada de las batallitas del abuelo ya estáis preparados para entrar en materia ¿qué hay detrás de estas canciones que escuchamos compulsivamente? ¿Qué oscuras historias esconden? ¿Estás seguro que quieres dedicar a tu amada pareja la canción «Every Breath You Take», una historia que nos habla de un tipo obsesivo, celoso y amargado que persigue a su ex por todas partes? ¿O bien estar destrozando en un karaoke «Hotel California» y accidentalmente invocar a terribles criaturas de Satanás encerradas en las notas de su solo por el mago negro Anton Lavey?

Y es que aunque conozcamos perfectamente la lengua de Shakespeare puede que no estemos al tanto de las movidas por las que pasaron los autores al engendrar estas melodías. Quizás en ese momento se estaban tirando los platos a la cabeza, como los integrantes de Fleetwood Mac cuando grabaron «Go Your Own Way» o estaban hasta arriba de droga como cuando Jefferson Airplane registró «White Rabbit» ¿y qué me decís de Serge Gainsbourg? El muy loco practicó sexo con la mujer de otro en la cabina de grabación para que los orgasmos de «Je T'aime, Moi Non Plus» fueran auténticos. Todas estas bizarradas las podéis encontrar reunidas en este libro aderezadas con comentarios jocosos políticamente incorrectos junto a un apartado donde se da una vuelta de tuerca a la canción en forma de opinión personal. Así que poneos cómodos en vuestro sillón preferido, preparad un trago bien cargado para poder asimilar tanta estupidez y no olvidéis dar al play en vuestro reproductor... ¡qué la música os acompañe! .

Amor y Desamor

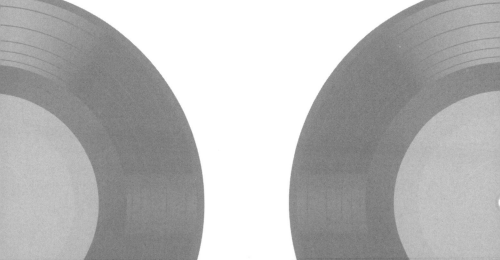

Daniel Domínguez

Go Your Own Way

Fleetwood Mac

Álbum: Rumours
Año: 1977
Compositor: Lindsey Buckingham

Si tuviéramos que hablar del LP con más rencor de la historia, sin duda seria el *Rumours* de Fleetwood Mac. En él los integrantes del grupo se tiraron los trastos a la cabeza durante toda la grabación, pero...vayamos por partes. Estamos en 1977, en la época del sexo, drogas y rock & roll, y ellos fueron la prueba viviente de los excesos y el desenfreno.

Fleetwood Mac se compone de Mike Fleetwood y dos parejas, las formadas por John McVie y Christine Perfect y Lindsey Buckingham y Stevie Nicks.

Al poco de empezar a grabar *Rumours*, los lazos entre estas parejas ya se habían roto, Christine se acostaba con un técnico de luces hasta que el borrachuzo de John McVie se enteró, y por otra parte tenemos a Stevie Nicks (que ya dentro del grupo provocó el divorcio de Mike Fleetwood al tener un *affaire* con él), que cortó su relación con Lindsey Buckingham a causa de posibles infidelidades y la adicción a la coca por parte de ambos.

Con este horno al rojo vivo fue casi un milagro que el álbum saliera a la luz, y no solo eso sino que se convirtiera en un superéxito del que hoy día se siguen haciendo reediciones.

Podríamos decir que todas las pistas del disco son dardos envenenados tanto para unos como para otros, algunos con más tacto, otros, puñaladas traperas.

Una de las canciones con más rencor y mala baba es «Go Your Own Way», en la que Lindsey Buckingham se despacha a gusto con su ex Stevie, haciéndole entender que esta ruptura ya estaba superada, y que ella debía seguir su propio camino, que a él poco le importaba lo que hiciera.

Ella, como buena profesional, intervino en los coros, sintiendo cada palabra del desprecio que expresaba la letra de la canción.

Tiempo después, ella se liberó coleccionando en su dormitorio a miembros del grupo Eagles. También se habla de una posible relación lésbica entre Christine y Stevie, especialmente cuando la primera dijo que hicieron todo lo que la mente de la mujer pueda imaginar.

Una vez estuvo el disco en la calle, Fleetwood Mac siguió como grupo, eso sí, estrictamente por motivos profesionales (o sea, por la pasta), ya que entre ellos no quedaba ni un ápice de aprecio.

> You can go your own way,   ♪ ♪ ♪   Puedes seguir tu propio camino,
> go your own way,   tu propio camino,
> You can call it,   puedes llamarlo,
> another lonely day.   otro día solitario.

¿Por qué te inspira?

Yo te pregunto, apreciado lector o lectora, ¿te han roto el corazón hace poco, han jugado contigo como si fueras un simple muñeco de trapo, te han puesto unos cuernos tan grandes que no pasas por el marco de la puerta?

Si has respondido afirmativamente a alguna de estas preguntas es que ya estás preparado para superar a ese cretino o cretina que ha perdido la oportunidad de continuar su vida junto a la tuya. Puedes dedicarle «Go Your Own Way» y, por qué no, todo el disco; hazle saber a ese engendro con patas lo lejos que está ya de tenerte de nuevo entre sus brazos.

Y tú no te preocupes por nada, piensa que aunque sean canciones de ruptura y despedida, el amor está detrás de cada esquina y que eso solo puede significar el principio de otra aventura, posiblemente más satisfactoria.

Every Breath You Take

The Police

Álbum: Synchronicity
Año: 1983
Compositor: Sting

¿Cuántos de vosotros habéis dedicado al ser amado este tema de Police? Seguro que muchos, ya que suena tan dulce en los labios de Sting... Siento romperos la ilusión, ya que la canción, de romántica, tiene poco. Vamos al tema.

A principio de los años ochenta, The Police arrastraban una larga trayectoria musical, con cuatro discos a sus espaldas y una buena cantidad de éxitos sonando en las radios.

Fue entonces cuando se propusieron grabar ese quinto disco, llamado *Sinchronicity*. El nombre proviene de las sesiones a las que acudía Sting con su psicoterapeuta, basadas en las enseñanzas del psicólogo Carl Jung.

Pero ¿qué llevó a Sting a visitar al psicólogo? Su matrimonio de seis años con la actriz Frances Tomelty se iba al garete y ella le pidió el divorcio. Sting entró en una profunda depresión, y el resultado quedó plasmado en las canciones de *Sinchronicity*, aunque especialmente en la famosa «Every Breath You Take».

Destripemos el lado oscuro de la canción. ¿De qué trata realmente? Si leéis entre líneas encontraréis la desesperación de Sting, ya que habla de alguien que constantemente controla celosamente todos los movimientos de su pareja, como bien dice la letra: «Cada paso que das, estaré observándote». En su paranoia, Sting se convertía en el acosador de su exmujer, al no poder encajar la separación; o sea que más que un canto al amor es una siniestra muestra de control sobre el prójimo.

Aún hoy, cuando sus fans le paran por la calle y le dan las gracias por crear la canción con la que se enamoraron, Sting frunce el ceño, conocedor del verdadero mensaje.

Este álbum fue el último éxito de The Police, ya que luego sus miembros se separaron, según dicen las malas lenguas por el profundo ego de su estrella y el control excesivo que ejercía sobre cada tema que se grababa.

Daniel Domínguez

> Every breath you take,
> every move you make,
> every bond you break,
> every step you take,
> I'll be watching you.
>
> Cada aliento que tomes,
> cada movimiento que hagas,
> cada atadura que rompas,
> cada paso que des,
> te estaré vigilando.

Amor y Desamor

¿Por qué te inspira?

Ahora que ya tenéis una ligera idea sobre el tema la canción, podéis ser alguno de estos tipos de lectores: unos despechados celosos y psicóticos, de los que creen que ya está bien hacerle saber a esa persona lo mucho que estáis vigilándola y acosándola en la sombra; en este caso, posiblemente, os ganaréis una orden de alejamiento bien merecida, pero vaya, es lo que os dicta vuestro enfermo corazón... O bien se puede dar el siguiente caso: que la persona que os dedica «Every Breath You Take» no tenga ni idea de inglés; perdonadle…, no sabe lo que hace, y ahora que sois conocedores de la historia, se la podéis aclarar. Pero, si la persona domina el lenguaje británico, solo puedo recomendaros una cosa: ¡corred, malditos!

Daniel Domínguez

I Just Called To Say I Love You

Stevie Wonder

Álbum: *The Woman In Red*
Año: 1984
Compositor: Stevie Wonder

¿Por qué muchos de los artistas de los ochenta se empeñaban en llamar por teléfono en sus canciones? Desde Blondie con su «Call Me» a Lionel Richie con «Hello».

Y es que en esa época no había redes sociales ni Whatsapp, y si se tenía que decir algo a alguien no te quedaba más que ir hasta su casa, pegar un grito desde la calle y, con suerte, la persona solicitada salía al balcón.

También podías llamar por teléfono, aunque si eras un chico y la requerida era una chica la cosa se ponía fea, porque siempre descolgaba la madre o el padre y te hacían un interrogatorio.

Aunque, bueno, vayamos a lo que nos interesa, a mediados de los ochenta con Stevie Wonder como artista consagrado al que ofrecen hacer la banda sonora de la película *La mujer de rojo*, con Gene Wilder y Kelly LeBrock.

De entre todas las canciones (algunas con la colaboración de Dionne Warwick), destacamos la que da título a la entrada, «I Just Called To Say I Love You», que nos habla de cómo un enamorado llama a su prometida por teléfono y le dice lo mucho que la quiere.

Aunque parte del público dio la espalda a la canción porque se alejaba de los clásicos de Stevie (debido en parte a la utilización de los sintetizadores, en auge por aquella época), fue un éxito absoluto, ganando incluso el Oscar a la mejor canción de ese año.

Especial atención al discurso de agradecimiento que hizo Stevie, que recogió el premio en nombre de Nelson Mandela (recluido por aquel entonces en una cárcel por su lucha en contra del apartheid). Ello provocó que el gobierno de Sudáfrica vetara al día siguiente tanto la música como los vídeos de Stevie, veto que duró hasta bien entrados los años noventa.

Pero las cosas como son. Aunque la canción sea más empalagosa que un kilo de polvorones, todos nos la sabemos, y cuando la pasan por la radio no puedes dejar de tararearla durante todo el día.

Como anécdota, recordar el esperpéntico anuncio de tráfico con un Stevie Wonder de pasajero en un vehículo conducido por su chofer (no hay que olvidar que Stevie es ciego de nacimiento y ve menos que un gato de yeso) y dedicándonos estas palabras en un español chirriante: «Si bebes, no conduzcas».

> I just called to say I love you,
> I just called to say how much I care,
> I just called to say I love you,
> and I mean it from the bottom of my heart.

> Solo llamé para decirte que te quiero,
> solo llamé para decirte cuánto me importas,
> solo llamé para decirte que te quiero,
> y lo hago desde el fondo de mi corazón.

¿Por qué te inspira?

Así que ya sabéis, haced como el bueno de Stevie, dejaos de tanto Like y Twitter, coged un teléfono (si puede ser de baquelita y con rueda, mejor que mejor) y llamad a la persona amada, no necesitáis un motivo específico para hacerle saber lo mucho que os importa. Cualquier día es bueno para dedicar unas palabras bonitas al que está al otro lado del aparato y compartir las razones por las que está en la mayoría de vuestros pensamientos.

A veces hacer sentir especial a alguien es tan fácil como susurrar ese «te quiero» en algún momento de vuestro ajetreado día.

Daniel Domínguez

I Will Always Love You
Dolly Parton / Whitney Houston
Álbum: *Jolene* / *El Guardaespaldas* (B.S.O)
Año: 1974 / 1992
Compositora: Dolly Parton

En 1992, un film hizo que todos fuéramos en masa al cine como borregos. Me refiero a *El guardaespaldas* protagonizado por la malograda Whitney Houston y Kevin Costner.

En la película, una famosa cantante de pop (Whitney) recibe cartas con amenazas de muerte; por ello contrata los servicios de un guardaespaldas interpretado por un Costner en estado de gracia (preguntad a las chicas y no tan chicas de los noventa).

La película fue un pelotazo de taquilla, pero lo que nos quedará para el recuerdo es su también exitosa banda sonora, donde encontramos la canción que vamos a comentar: «I Will Always Love You».

Pero primero ubicaremos esta canción, porque aunque muchos lo crean, no está escrita por Whitney; la versión original es de 1973 y pertenece a la voluptuosa Dolly Parton, cantante de country y actriz, especialmente famosa entre los setenta y los ochenta..

El guardaespaldas.

Dolly trabajaba por aquel entonces en un programa semanal de country conducido por Porter Wagoner. La relación entre Parton y Wagoner era de amor-odio, tanto que cuando estaban juntos los éxitos aparecían uno tras otro, pero también las disputas y los quebraderos de cabeza.

Parton, atormentada por esta situación, escribió «I Will Always Love You», presentándosela a Wagoner a modo de despedida profesional. Él, al oírla lloró, y le dijo que era la canción más bonita que había escuchado y que si su deseo era marcharse, que lo hiciera, pero que le dejara producir un último álbum donde incluirla.

Después de salir el disco, Elvis Prestley se interesó especialmente en grabar una versión de la famosa canción, pero los abusivos requisitos de derechos y regalías impuestos por el manager de este hizo declinar la oferta a Parton.

Bien, ahora que ya sabemos que la canción no es originaria de Whitney y que no estuvo escrita como parte de una ruptura sentimental sino profesional, podemos meternos de lleno en la historia del álbum *El guardaespaldas*. Y es que si no llega a ser por la insistencia de Kevin Costner nos habríamos quedado con las ganas de conocer esta nueva versión, ya que los productores no veían claro que fuera una canción lo bastante potente para que Whitney la cantara al final de la película.

El resultado ya sabemos cuál fue, el álbum se vendió como rosquillas, y la canción, quemada en la radio, es una de las más solicitadas en los funerales para despedir al difunto.

If I should stay, I would only be in your way, so I'll go, but I know, I'll think of you every step of the way, and I will always love you, I will always love you.	Si me quedara, solo estaría en tu camino, así que me iré, pero sé, que pensaré en ti cada paso del camino, y siempre te querré, siempre te querré.

¿Por qué te inspira?

Nosotros nos apartaremos de este lado macabro de los funerales y tiraremos más por el sentimental, ya que seguro que hemos vivido alguna relación donde una parte de nosotros se siente profundamente enamorada, pero la otra sabe que hemos de poner tierra de por medio si no queremos volvernos locos. Me refiero a esos días que son como montañas rusas del amor, con increíbles subidas de cariño, emociones y sexo loco, pasando del paraíso a los infiernos, mostrándonos la cara más fea de las discusiones.

Los malos rollos en pareja son inevitables e incluso necesarios para el mejor conocimiento entre ambos, pero no cuando se repiten día sí día también.

Eso no es sano, por lo que a veces, sintiéndolo en el alma, es mejor tomar esa dolorosa decisión de separarse, eso sí, haciéndole saber que siempre la llevaréis en el fondo de vuestro corazón.

Daniel Domínguez

Robando novias

Layla
Derek and The Dominos
(Eric Clapton)

Álbum: *Layla And Other Assorted Love Songs*
Año: 1970
Compositores: Eric Clapton y Jim Gordon

¿Sabéis que tienen en común «Something» de los Beatles, «Wonderful Tonight» de Eric Clapton y la canción que da título a esta entrada? Las tres están inspiradas en una única persona, Pattie Boyd.

Ella era una modelo a la que George Harrison conoció durante la grabación del film *A Hard Day's Night;* empezaron a salir y se casaron. Hasta aquí una bonita historia de amor, ¿verdad?

Bien, pues años después, cuando George estaba preparando canciones para el disco *Abbey Road*, requirió la colaboración de su buen amigo Eric Clapton. En una de esas visitas Clapton se topó con Pattie Boyd, enamorándose perdidamente de ella. A partir de ese momento, Clapton estuvo en todos los saraos donde aparecía Boyd, haciendo todo lo que fuera para llamar su atención.

Aunque era fiel a su amigo, Clapton cada vez estaba más perdido por la mujer de este, y ella, que sabía del tonteo, lo evitaba haciéndole entender lo mal que podía acabar este triángulo amoroso. En 1970 Clapton formó un nuevo grupo, Derek and The Dominos, y en él sacó toda su frustración en forma de canción causada por su aventura amorosa no consumada.

«Layla» está basada en «La historia de Layla y Majnún», del poeta Nizami, un relato de amor no correspondido que, para los que saben leer entre líneas podrán comprender la dolorosa historia de Clapton.

George Harrison   Pattie Boyd   Eric Clapton

Pero el mundo da muchas vueltas, y en una de ellas, Pattie, cansada del modo de vida de su marido Harrison, conocido mujeriego asaltador de camas y en ese momento metido en una especie de secta religiosa en la India liderada por el gurú Maharishi Mahesh Yogi (otro espabilado al que le gustaban demasiado las jovencitas que iban a meditar), encontró consuelo en las sábanas de su amigo Clapton, lo que produjo la separación de Pattie con Harrison en 1977 y, pasados dos años, una nueva boda, esta vez con Eric Clapton, a la cual incluso fue invitado George, sin ningún tipo de rencor hacia su amigo.

Podríamos acabar la historia feliz aquí, pero realmente no fue así, ya que la adicción de Clapton a la heroína y demás sustancias psicotrópicas, unido a su desinterés por su nueva mujer, llevándole a investigar debajo de otras faldas, hizo que Pattie le diera la patada, y a otra cosa mariposa.

Layla, you've got me on my knees,	Layla, me tienes de rodillas,
Layla, I'm begging, darling please,	Layla, te estoy rogando, por favor, querida,
Layla, darling won't you ease,	Layla, querida, desahoga,
my worried mind.	mi mente preocupada.

¿Por qué te inspira?

No sé si vosotros os habréis encontrado en esta peculiar situación, donde a veces uno se pregunta sobre si es lícito romper esa ley no escrita referente a robar la pareja a un amigo o amiga.

Vayamos por partes:

O todo se queda en un amor platónico, dejando que en vuestra cabeza aparezca un «¿qué hubiera pasado?», aguantando mecha y poniendo la mejor de las caras cuando os encontréis con la persona en cuestión, o bien vais a por todas. Y en este caso, si tan grande es la atracción que sentís, dejaos la parte racional en casa y tiraos a la piscina; a partir de ahí puede derivar en varios finales, uno de ellos es que rompáis una relación (que, quizás, en el mejor de los casos, ya se tambaleaba) y os quedéis con esa persona que tanto os gusta, o que reconozcáis atracción mutua pero la cosa se quede ahí, no queriendo la otra persona romper su idilio con su pareja, y viviendo a partir de ese momento el anteriormente mencionado «amor platónico».

Y vamos, la tercera... la peor de todas: que os deis de morros contra el suelo abriendo vuestro corazón, y que la otra persona pase de vuestra cara, cortando por miedo su relación con vosotros y, con un poco de mala suerte, también la de vuestro amigo. Con lo que «vuestro gozo en un pozo».

Vacaciones en el mar, no gracias

My Heart Will Go On

Celine Dion

Álbum: *Titanic B.S.O – Let's Talk About Love*
Año: 1997
Compositores: James Horner y Will Jennings

¿Habéis ido recientemente al cine? Supongo que los que hayáis respondido afirmativamente compartiréis conmigo que las cosas han cambiado mucho en estos veinte años, por ejemplo el tamaño de las salas: antes gozábamos de una pantalla gigante y ahora, debido a las multisalas, las proporciones se han reducido tanto que a veces la podemos comparar con el televisor que tenemos en casa. También es verdad que el número de personas que asisten ha mermado considerablemente, sea por el excesivo precio de pasar una tarde en una de estas salas como por la oferta de contenido *online* que tenemos en nuestro hogar.

Si hacemos uso de nuestra memoria quizá podamos viajar hasta 1997; ese fue el año en el que se estrenó *Titanic*, de James Cameron. La producción de una película de esta magnitud debía estar a la altura en todos sus apartados, y uno de ellos fue la música. Para ello, Cameron contactó con Enya para que compusiera los temas, pero ella se negó, y como plato de segunda se lo ofreció al compositor Jamer Horner, con el que ya había tenido más de un roce en el pasado, cuando trabajaron en *Aliens*, pero en el que confiaba plenamente para poner música a la historia.

Horner compuso todos los temas instrumentales del film, dejando más que satisfecho a Cameron; pero la cosa no quedo ahí, ya que Horner quería que uno de los temas fuera vocal para incluirlo en los créditos finales, a lo que Cameron se negaba por considerarlo demasiado comercial.

Horner, ignorando al director, propuso grabar una demo del tema a Celine Dion, a la cual en un primer momento no le gustó la idea, pero debido a la insistencia del marido aceptó y grabó una demo para que la escuchara Cameron. Este, cuando vio el potencial del tema, decidió que pondría todos los recursos disponibles en la canción y mandó incluir una carga orquestal a esa demo vocal de Celine. El resultado ya lo sabéis, la película la vio hasta el gato, las colas para entrar en el cine daban la vuelta a la manzana y su banda sonora se vendió como rosquillas, haciendo que todos los implicados, desde Cameron hasta Celine, se bañaran en billetes.

Recientemente, en una entrevista, Celine Dion dijo estar hasta el moño de cantar la canción en sus conciertos y pidió que por favor en su funeral no la reprodujeran. Otra de las participantes del film, Kate Winslet admitió que oír el tema le provocaba náuseas. Como última curiosidad tenemos las macabras declaraciones de los supervivientes de otro naufragio sonado, el Costa Concordia, que aseguran que cuando el barco chocó contra las rocas en el salón comedor sonaba «My Heart Will Go On».

> Near, far, wherever you are, ♪ ♪ ♪ Cerca, lejos, donde quiera que estés,
> I believe that the heart does go on, creo que el corazón sigue latiendo,
> once more you open the door, una vez más abres la puerta,
> and you're here in my heart, y estás aquí, en mi corazón,
> and my heart will go on and on. y mi corazón seguirá adelante.

¿Por qué te inspira?

¿Recordáis *Vacaciones en el mar?* Era aquella mítica serie que ponían a diario en la televisión y contaba las aventuras y desventuras de la tripulación del *Pacific Princess.* Digámoslo abiertamente, ha envejecido

Amor y Desamor

bastante mal. Pero, y vosotros, ¿habéis hecho algún crucero? Os doy unos consejos para un primer viaje. En primer lugar, si os mareáis con frecuencia, no estaría de más que os llevarais una caja de biodramina, y recordad que la parte central del barco es la mejor opción para no sufrir mareos, así no terminaréis tirando la pota a los delfines. Aunque, vaya, si os mareáis mucho quizás unas vacaciones en la montaña serían una mejor opción. También debéis tener en cuenta el tamaño de los camarotes, dependiendo de vuestro nivel adquisitivo las cosas cambiaran bastante: de una *suite* donde hacer una fiesta con karaoke… a una ratonera en la que deberéis jugar al tetris para meteros en la cama.

Otro aspecto que deberíais cuidar es el de la ropa. Pensad que aunque estéis en pleno agosto, una vez os encontréis en medio del Mediterráneo, notaréis que hace frío y se os van a poner los pezones como para cortar cristal, o sea que una chaqueta no estaría de más. También pensad que en el crucero suelen ofrecer fiestas, o sea que si podéis llevar algo elegante mucho mejor que unas chanclas con calcetines debajo.

Si os gusta ver una ciudad en toda su plenitud, un crucero quizá tampoco sea la mejor opción, ya que el tiempo es limitado y si os embobáis callejeando, ¡el capitán Stubing no va a esperaros!

Nothing Compares 2 U

The Family (Prince) / Sinead O'Connor

Álbum: *The Family / I Do Not Want What I Haven't God*
Año: 1985 / 1990
Compositor: Prince

Amor y Desamor

Hubo un tiempo en el que todo lo que tocaba Prince se convertía en oro, y uno de esos caprichos de genio fue crear un grupo llamado The Family para impresionar a una joven de diecinueve años llamada Susannah Melvoin, que era la hermana gemela de Wendy, habitual colaboradora de Prince. Con The Family lanzaron un único álbum teñido de sonidos funk, donde algunas de las canciones eran instrumentales, y entre las vocales se encontraba todo un diamante en bruto, la canción dedicada a la tal Susannah, «Nothing Compares 2 U».

El disco en su momento fue un fracaso de ventas y la canción pasó desapercibida, pero el avispado manager de Prince, Steve Fargnoli, la guardó como oro en paño esperando el momento para sacarla a relucir, y este se presentó cuando la semidesconocida Sinead O'Connor, de origen irlandés, formó parte de la compañía de la que él era representante.

Fargnoli le pidió que hiciera una maqueta con el tema de Prince «Nothing Compares 2 U». La sentida versión que hacia Sinead de la canción de Prince ponía los pelos de punta y estremecía los sentimientos de los que tuvieron la suerte de escucharla en el estudio por primera vez.

La discográfica, con tales buenas vibraciones, ya se frotaba las manos, eso olía a éxito por los cuatro costados, y fue número uno nada más lanzar el disco al mercado. También ayudó un bello videoclip grabado en París, en el que con unos primeros planos de una rapada Sinead se intercalaban imágenes del parque Saint-Cloud. En un determinado momento del clip, una lágrima real brota de los ojos de la cantante; como ella misma explicó, al cantar un verso de la canción se acordó de su madre recientemente fallecida con la que tenía una estrecha amistad, y con la emoción no pudo reprimir el llanto.

La relación de Prince con la cantante irlandesa no fue especialmente de amor. El infinito ego de Prince no podía aceptar que un tema suyo hubiese alcanzado el éxito con otra cantante, pero quiso conocer personalmente a Sinead y en 1990 quedaron en la mansión de este en Los Ángeles. Ella cuenta que Prince le reprochaba que fuera tan mal hablada en las entrevistas con la prensa y ella lo mandó directamente al infierno, después de eso se enzarzaron en una pelea a puños y, debido a la superioridad de fuerza de Prince, Sinead la emprendió a escupitajos con él mientras huía del lugar.

Por todos es sabido que la irlandesa tiene un largo historial de polémicas con varios artistas, como Frank Sinatra, U2 o Miley Cyrus. Aunque donde la lío más parda fue en el aclamado programa de humor Saturday Night Live. Sinead cantó una versión del tema «War» de Bob Marley, cambiando parcialmente la letra de «racismo» a «abuso de menores». Al finalizar la interpretación sacó una foto del por entonces papa Juan Pablo II y la hizo pedazos. No habían acabado de emitir el programa que ya tenían la centralita echando humo con las llamadas de gente protestando por la acción de Sinead. Su carrera artística en ese momento se fue a pique y en algunos conciertos fue abucheada, siendo también quemados sus discos. Sin duda, esa acción de carácter rebelde le pasó factura.

En la actualidad aún saca al mercado algún álbum y vive como puede superando sus enfermedades mentales, una de las cuales es la bipolaridad, que ha hecho de ella un ser bastante inestable, intentando suicidarse en varias ocasiones.

| It's been seven hours and fifteen days, since you took your love away, I go out every night and sleep all day, since you took your love away. (...) Because nothing compares, nothing compares to you. | Han pasado siete horas y quince días, desde que te llevaste tu amor, salgo todas las noches y duermo todo el día, desde que te llevaste tu amor. (...) Porque nada se compara, nada se compara a ti. |

¿Por qué te inspira?

Desconsolado lector, como se ha dicho muchas veces, después de un fracaso amoroso sonado, nuestro cerebro cabroncete va a hacer de las suyas y va a coger todas esas imágenes idílicas de nuestra ya expareja y nos las va a pasar *non-stop* día y noche junto a un paquete de kleenex; y nosotros, claro, que funcionamos a través de las órdenes del cerebro, pues caeremos en el más profundo y estúpido de los dramas.

Pero solo, y digo solo, si consigues dar un descanso a esos ojos llorosos, haz un ejercicio, saca la cabeza por la ventana, (no para lanzarte balcón abajo), y simplemente observa la cantidad de gente que pasa en ese momento por la calle... Si has visto a cientos de personas en un solo minuto, imagina solo por un instante las probabilidades de encontrar a alguien igual de genial (o un 40% más) que tu antigua pareja, y es que por estadística (aunque catearas matemáticas en primero) te saldrán los números. Deja de decir que no habrá nadie más como él o ella (que en parte es cierto, ya que de momento no nos clonamos) y sal a dar guerra, que hay muchos y la mayoría andan sueltos.

En la foto, Sinead O'Connor.

Daniel Domínguez

You've Got A Friend

Carole King / James Taylor

Álbum: _Tapestry / Mud Slide Slim And The Blue Horizon_
Año: 1971
Compositor: Carole King

Voy a hablaros de la que creo que es la mejor canción para definir el concepto de amistad, pero para ello debemos trasladarnos a su creación, en 1971.

Por ese tiempo, Carole King y su entonces esposo Gerry Coffin eran autores que se ganaban la vida escribiendo canciones para otros, como The Shirelles, Aretha Franklin o The Monkees.

También tenemos al otro protagonista de nuestra historia, James Taylor, un cantautor que en sus principios fue aupado por los mismísimos Beatles a través de su sello Apple Records. Pero el frágil Taylor, con terribles depresiones, caía repetidamente en los vicios no sanos, o sea en las drogas, por lo que estuvo varias temporadas internado en un psiquiátrico. Superada esa etapa, grabó varios discos, siendo en uno de ellos donde coincidió con Carole King. De esta participación surgió una bonita amistad; James encontró en ella el apoyo y comprensión faltantes en esos años de excesos.

Y para cuando James necesitó un buen hit que lo pusiera en cabeza de las listas, ella se sacó de la manga «You've Got A Friend», según dicen inspirado en esa bella amistad, y se lo cedió.

Como no podía ser de otro modo la canción fue todo un éxito en boca de James Taylor, por lo que Carole, que en esos momentos estaba preparando la salida de su primer álbum _Tapestry_, grabó una versión de «You've Got A Friend» con la participación de Taylor. No exagero al decir que _Tapestry_ debe de ser un imprescindible en vuestra colección de música, ya que es un disco redondo. Carole juntó toda esa energía en la creación de canciones para soltarla en este proyecto que impulsaría su carrera.

También es mítica la aparición de ambos en el club Troubadour de Los Ángeles, hazaña que repitieron treinta y pico años después para conmemorar el cincuenta aniversario de la sala.

Como he dicho antes, pocas canciones tratan el tema de la amistad de un modo tan sensible; desde el inicio, con esos acordes de piano, su letra profunda hace una llamada al amor hacia el prójimo, un amor desinteresado, un amor auténtico.

> You just call out my name,
> and you know wherever I am,
> I'll come running to see you again,
> winter, spring, summer or fall,
> all you have to do is call,
> and I'll be there,
> You've got a friend.

> Solo tienes que pronunciar mi nombre,
> Y sabes que allí donde esté,
> vendré corriendo para verte de nuevo,
> invierno, primavera, verano u otoño,
> todo lo que tienes que hacer es llamarme,
> y allí estaré,
> tú tienes un amigo.

¿Por qué te inspira?

¿Cuántos amigos tenéis? Y no me refiero a esos del Facebook (siempre te vendrá el típico que menciona con orgullo tener un millón de amigos en dicha red social), hablo de amigos de verdad, esos que a la hora de contarlos recurres a los dedos de la mano (y te sobran dedos), sea por los años que hace que os conocéis, porque crecisteis juntos o por una relación que, por determinadas razones o acciones, te ha llevado a tener un sentimiento de amor puro y recíproco con el otro.

En estos casos les podéis dedicar «You've Got A Friend»; hacedles saber con música la importancia de tenerlos cerca, de la facilidad que tienen para abrir vuestro corazón y sentiros cómodos exponiendo vuestras dudas e indecisiones.

Esas personas siempre estarán ahí sea la hora que sea y vendrán en cuanto reciban vuestra llamada.

Esperando un amor que no volverá

En el muelle de San Blas

Maná

Álbum: *Sueños líquidos*
Año: 1997
Compositores: Fernando Olvera «Fher» y Álex González

En 1997, Maná se puso manos a la obra para empezar a grabar el que sería su quinto disco de estudio. Para ello sus miembros volvieron a Puerto Vallarta (México), lugar donde habían grabado su anterior LP. Alquilaron una casa con vistas a la bahía, puesto que querían estar rodeados de agua y contemplar los atardeceres de Jalisco, elementos que les proporcionarían la inspiración perfecta para desarrollar las piezas de este nuevo álbum.

Según cuenta la leyenda, una de esas tardes, Fher, cantante y compositor del grupo, estaba dando un paseo por la zona cuando se le acercó una mujer vestida con traje de novia y le susurró estas palabras: «Ya llega mi amor, mi amor vendrá mañana en barco». Más tarde, un chico del puerto se acercó a Fher y le contó la historia de esa mujer, apodada «la loca de San Blas». Su verdadero nombre era Rebeca Méndez, que, en 1971, cuando era una jovencita, estaba comprometida con su novio Manuel, un pescador de la zona que zarpó una mañana de octubre y nunca regresó a puerto debido probablemente a una tormenta tropical. Rebeca, al no recibir ninguna noticia de él, fue cada día a esperarle al puerto vestida con el traje de boda. Los días pasaban, y así mil atardeceres, sin que Manuel regresara para cumplir con su promesa de casarse con ella. Al no poder soportar esa pérdida, poco a poco la fortaleza mental de Rebeca fue haciendo mella en ella, hasta perder completamente la noción de la realidad. Quedó atrapada en un día que nunca llegó, y pasaron los años hasta 1997, cuando Fher se encontró con ella y decidió utilizar su triste historia en una maqueta instrumental grabada durante sus sesiones en Puerto Vallarta, convirtiendo la canción en todo un éxito que, a día de hoy, sigue sonando en todas las emisoras de rock. Como anécdota, para el álbum *Sueños líquidos*, Maná se puso en contacto con el artista Waldo Saavedra para que se encargara de la portada, el cual, curiosamente, ese mismo año había inmortalizado desnuda en un lienzo a la actual reina de España, Leticia Ortiz, y que por aquel entonces era una jovencita que se hallaba en México estudiando un máster. Saavedra propuso para el frontal del LP el dibujo de

Leticia, aunque al final se escogió otra portada y nuestra reina pasó a formar parte del libreto interior del álbum.

La historia de la canción tiene cierto parecido con «Penélope», de Joan Manuel Serrat, ya que ella también pasó sus días en una estación de tren, esperando a un comerciante que le prometió llegar «antes de que los sauces caigan sus hojas». Como Rebeca, Penélope enloqueció y esperó a su amado durante lustros; la diferencia en este caso es que el comerciante volvió, pero desgraciadamente ella no lo pudo reconocer, ya que en su mente perturbada quedó anclada la imagen del chico que partió años atrás, y no pudo entender que era él, pero ya mayor.

> Ella despidió a su amor él partió en un barco en el muelle de San Blas.
> Él juró que volvería y empapada en llanto ella juró que esperaría.
> Miles de lunas pasaron y ella siempre estaba en el muelle esperando.

♪ ♪ ♪

¿Por qué te inspira?

Esperar a un amante que ha partido de viaje está bien, pero hay que tener en cuenta ciertas cosas. Si ha sido un amor de verano, puede darse el caso que esta persona al finalizar ese periodo siga con su vida y las promesas que se hicieron entre olas del mar se queden en ilusiones derivadas de las locuras de amor rebozadas en arena. Ya habrá un nuevo verano para encontrar otro ligue efímero. La gente es rara, esto es así. Si la persona que comparte un pedazo de vida contigo se va de viaje de negocios y dejas de recibir mensajes o información de ella, pueden ocurrir dos cosas: la primera es que haya fallecido repentinamente; extraño pero posible. La segunda es que esa persona haya conocido a alguien y haya decidido asentarse en su nuevo hogar, rompiendo con su pasado. Estos seres egoístas y despreocupados existen, o sea que, al cabo de un tiempo prudencial, créeme, pasa página y continúa con tu vida, que no te pase como a la pobre Rebeca o la ingenua Penélope.

Daniel Domínguez

Escondiendo sentimientos

I'm Not In Love

10CC

Álbum: *The Original Soundtrack*
Año: 1975
Compositores: Eric Stewart y Graham Gouldman

Hay canciones que marcan definitivamente la historia o el curso de un grupo, y «I'm Not In Love» se convirtió en una de ellas. ¿Es una canción de desamor? Vamos a ello.

Estábamos en el año 1973 y no corrían buenos tiempos para el grupo Hotlegs, fundado por cuatro músicos de estudio y liderado por Graham Gouldman, creador entre otros *hits* de «Bus Stop» para los Hollies y «No Milk Today» para Herman Hermit's. Pero esa buena suerte escribiendo para otros grupos no le acompañaba con el suyo. Necesitaban solamente un éxito para creer en el proyecto y salir adelante.

Entre todo esto, un día mientras estaban colaborando en un disco de Neil Sedaka, a modo de broma y con voz de falsete, entonaron una canción famosa de la década de los cincuenta llamada «Donna»; en ese instante apareció un famoso editor llamado Jonathan King y quedó alucinado con la capacidad de esos chicos, por lo que un día después les llamó para ofrecerles grabar un disco y, de paso, cambiarles el nombre, ya que, según él, con Hotlegs, no habían triunfado, por lo que habían de dar un paso adelante.

A partir de ese momento el grupo fue rebautizado con el nombre de 10cc, que, para los que no lo sepan, hace referencia a la cantidad de esperma expulsada por un hombre. Bueno, la máxima es 9, por lo que el nombre que les puso King era toda una declaración de intenciones sobre estos chicos, alzándolos a la altura de unos auténticos machotes.

Lanzaron dos álbumes, alcanzando varios éxitos, pero el pelotazo aún estaba por llegar y no fue hasta 1975 cuando sacaron *The Original Soundtrack,* que integraba la canción «I'm Not In Love», una de las más quemadas de la radio mundial. A los 10cc la jugada les salió redonda, ya que el éxito de la canción les facilitó un contrato discográfico por cinco discos más.

Graham Gouldman y Eric Stewart.

«I'm Not In Love» también era utilizada en las discotecas para anunciar el momento de bajón, en el que las parejas que se habían formado aquella noche se iban a la zona oscura para conocerse mejor.

Hemos de comentar que la canción fue todo un prodigio tecnológicamente hablando. Su parte atmosférica se hizo combinando las voces de cada uno de los integrantes del grupo cantando una sola nota, pasándolas por varias pistas y multiplicando el efecto, con lo que al final se aprecian más de 256 voces a la vez. Esta técnica, con la llegada del sintetizador, era pan comido, pero en 1975 fue un trabajo muy laborioso. La letra se salía de los valores establecidos en ese momento, ya que los integrantes del grupo eran unos bromistas y quisieron darle un mensaje irónico. En ella cuentan las declaraciones de desamor (muy poco creíbles) de un amante a otro. Como, por ejemplo, se menciona que utilizó una foto suya para tapar una mancha horrible que tenía en la pared.

Tampoco podemos pasar por alto la frase que va repitiendo «Be Quiet, Big Boys Don't Cry», que fue grabada por la secretaria de los 10cc, y en los ochenta parte de la frase fue tomada por Nick Richards para dar nombre a su nueva banda: Boys Don't Cry.

I'm not in love,	No estoy enamorado,
so don't forget it,	así que no lo olvides,
it's just a silly phase,	es solo una tonta fase,
I'm going through,	que estoy atravesando,
and just because I call you up,	y solo porque te llamo,
don't get me wrong,	no me malinterpretes,
don't think you've got it made,	creo que no lo has entendido,
I'm not in love.	no estoy enamorado.

¿Por qué te inspira?

El protagonista de la historia de «I'm Not In Love» niega el amor, no quiere reconocer sus sentimientos. Bien curtido lector, lo que está claro es que por mucho que quieras esconder una emoción, si es verdadera, al final tu lucha tiene todas las de perder, ya que emociones como el enamoramiento son acciones involuntarias que te envía tu cachondo cerebro. En ocasiones te enfrentas a un amor que sabes que es imposible, por lo que tus mecanismos de autodefensa acuden entusiasmados para detener el sentimiento, intentando darle una dosis de raciocinio, pero como he dicho antes… no se puede luchar contra algo que ha surgido espontáneamente, por lo que cuanto más queramos enterrar ese sentimiento más nos costará después pasar esta fase de frustración que proviene del autoengaño hacia uno mismo.

Just The Way You Are

Billy Joel

Álbum: *The Stranger*
Año: 1977
Compositor: Billy Joel

En ocasiones, un músico en estado de gracia crea una melodía que nos va a acompañar toda la vida. Este es el caso de «Just The Way You Are», de Billy Joel, músico estadounidense amante de las motos (posee una tienda donde las fabrican a medida) y del boxeo, ya que cuando era pequeño tuvo que aprender a luchar para defenderse de los otros niños, que se reían de su gusto por la música clásica.

Después de su exitoso álbum *Piano Man*, el músico necesitaba nuevos temas para volver a sonar en las emisoras, para ello empezó la creación de su obra *The Stranger* en 1977, época en la que acababa de explotar la música disco y era impensable un éxito pop clásico como los de Billy. Según cuenta él mismo, una noche, mientras dormía, le vinieron en sueños una serie de notas musicales, una melodía nunca antes escuchada por él y que le sonaba a éxito, aunque por entonces, parcialmente incompleta, la dejó aparcada.

Días después tuvo que acudir a una odiosa reunión de negocios que le estaba llevando al tedio; evadido completamente de lo que trataban optó por ordenar aquella bella melodía que apareció en su sueño hasta completarla.

Pero aún le faltaba la letra, para la que se inspiró en su por entonces esposa Elizabeth Weber, ya que se la quería regalar para su cumpleaños. Tiró de sus sentimientos más profundos y en un par de horas ya la tenía lista. Una vez grabada en el estudio, a Billy no le pareció que la canción tuviera fuerza y declinó incluirla en su nuevo álbum *The Stranger*. Para nuestra suerte, su productor Phil Ramone no estaba de acuerdo con Billy y pidió a un par de chicas que estaban grabando en un estudio cercano que se acercaran a escuchar el tema y dar su opinión a Billy. Una de estas chicas era Linda Ronstadt (suyo era el exitoso «You're No Good»). Una vez concluida la audición, las chicas le dijeron a Billy que estaba loco si quería dejar este tema fuera del disco, que sería todo un *hit*.

No iban mal encaminadas, ya que la canción se llevó el Grammy aquel año.

Aunque no siempre fueron días de vino y rosas para Billy Joel, años atrás, antes de convertirse en un reputado artista, cuando tocaba en bares cochambrosos, sufrió varias depresiones, siendo la más dura la ocasionada por una chica que le dejó. Sumamente triste, pensó en suicidarse y al no tener a mano ningún bote de lejía pensó que si tomaba limpiacristales haría el mismo efecto, eso no le llevó al cementerio pero sí a urgencias para tratar la intoxicación. A partir de ahí ingresó en un centro psiquiátrico, donde pudo comprobar que había personas con problemas peores que el suyo, y al salir publicó el primer álbum como solista *Cold Spring Harbor,* una de cuyas canciones, «Tomorrow Is Today», era la nota de suicidio que había dejado en su mesa cuando tomó la decisión de quitarse la vida. Billy durante estos años ha pasado por tres matrimonios, no ha tenido mucha suerte con las mujeres, como él mismo ha dicho en ocasiones. Podría ser debido a su debilidad por la bebida y las infidelidades, ya que Billy es todo un enamoradizo.

I don't want clever conversation, I never want to work that hard, I just want someone that I can talk to, I want you just the way you are.	No quiero una conversación profunda, nunca quiero trabajar tan duro, tan solo quiero a alguien con quien poder hablar, te quiero tal cual eres.

¿Por qué te inspira?

Billy nos dejó a todos esa declaración de amor en forma de canción, o sea que, enamoradizo lector, intenta aprender algo de todo esto. Para Billy Joel es muy importante saber cómo es la persona, conocerla a fondo, cada pequeño detalle, pero manteniendo esa personalidad para amarle tal como es. Y es que a veces cometemos el error de intentar cambiar la manera de ser de la persona que amamos, perdemos una energía y un tiempo preciosos en procurar amoldarla a nuestra imagen idílica, pero eso solo acarreará problemas, ya que uno es como es, el tiempo y la vida han creado partes de su ser y no podemos venir nosotros cual Doctor Frankenstein a quitar y poner rasgos de su personalidad a nuestro gusto.

Amar es aceptar al otro de manera incondicional, no encontraremos a alguien que sea cien por cien como nosotros quisiéramos. Y creedme, si existiera alguien así, os ibais a aburrir más que el perro de Stephen Hawking, ya que, lo mejor de las disputas son las reconciliaciones entre sábanas, y tener diferentes opiniones da para charlas que se alargan hasta medianoche disfrutando de buen vino o cerveza… Todo depende del gusto.

Carátula frontal del álbum *The Stranger*.

Somebody To Love

Queen

Álbum: *A Day At The Races*
Año: 1976
Compositor: Freddy Mercury

Amor y Desamor

En un triste noviembre de 1991 Freddie Mercury nos dejó, pero ¿qué mejor que navegar en su increíble legado para recordar a uno de los mejores cantantes que han existido?

En esta ocasión podemos recuperar un *hit* que acompañó a la banda durante toda su carrera desde que fue lanzado, hablamos de «Somebody To Love», del álbum *A Day At The Races* de Queen.

Por si alguna vez os habéis preguntado por el significado del símbolo del grupo, este tiene fácil explicación, cada elemento tiene su representación: los dos leones, el cangrejo y las hadas son los signos zodiacales de los integrantes del grupo, y el cisne o águila simboliza el ave fénix, representando a Queen como grupo inmortal.

Empezamos con el título del LP, homenajeando a una gran comedia de los locos hermanos Marx (como también lo fue el anterior álbum *(A Night At The Opera)*, pasando por una serie de himnos en los que encontraron ese sonido característico que los llevó al Olimpo de las bandas legendarias.

Superar *A Night At The Opera* era un desafío titánico, en él había *temazos* como «Bohemian Rhapsody» O «You're My Best Friend», pero con «Somebody To Love» Mercury escribió una de sus canciones más exitosas e íntimas, especialmente por los altibajos emocionales que estaba pasando en ese momento. Por si alguien ha vivido en una cueva durante todo este tiempo, deciros que Freddy Mercury era homosexual, quizá bisexual, y en aquella época «salir del armario» no era fácil ni bien visto y podía afectar al nivel social y a las ventas. Además, con su acelerado ritmo de vida (mucho se ha hablado de las orgías bisexuales que se montaba el grupo) solo encontraba relaciones de una noche o amantes insatisfactorios, quizá también a causa su difícil carácter. Aunque pueda sorprenderos, el potente Freddie Mercury, que llenaba estadios con su sola presencia, en la vida privada era muy tímido y debía conocer muy bien a alguien para ofrecerle su confianza.

Por ello, se dice que «Somebody To Love» es un canto desesperado y muy personal de Mercury por encontrar su media naranja. Pero para Mercury aún debían pasar unos años para el amor verdadero; fue hacia 1984, cuando conoció a Jim Hutton, con el que pasó el resto de sus días, hasta que Freddie perdió su batalla contra el sida.

La canción también se puede interpretar como un sentimiento espiritual hacia la fe y la existencia de un ser superior. Los coros de la canción, inspirados en el gospel, parecen interpretados por una coral de cientos de personas, pero para vuestra sorpresa decir que son solo las voces de los tres integrantes del grupo (Mercury, May y Taylor) montadas en un estudio superponiéndolas una y otra vez, creando así el mágico efecto.

«Somebody To Love» era una de las canciones favoritas de Freddie para ser tocada en vivo, aunque rebajada de efectos técnicos que eran imposibles de llevar a un escenario, cambiando incluso recursos interpretativos, ya que para las últimas notas Mercury no tenía aliento e improvisaba nuevos artificios vocales, volviendo locos a los fans.

Can anybody find me somebody to love? Each morning I get up, I die a little, can barely stand on my feet, take a look in the mirror and cry, Lord, what you're doing to me.	¿Puede alguien encontrarme a alguien para amar? Cada mañana que me levanto, muero un poco, apenas puedo sostenerme en pie, echo una mirada al espejo y grito, Dios, qué me estás haciendo.

¿Por qué te inspira?

Para todos vosotros, impacientes lectores que ansiáis el amor y encontrar a la persona que os complemente, he de deciros que, aunque sea un tema muy sudado, todo llega en su momento; pueden pasar años y con ellos relaciones desastrosas que no cumplan vuestras expectativas, pero si tenéis los ojos y oídos bien abiertos al final aparece ese ser que hace que toda vuestra existencia tenga un sentido especial. Eso sí, esta persona no vendrá a llamar a la puerta de vuestra casa (se puede dar el caso, aunque las posibilidades son similares a que te toque el gordo de Navidad); bien cierto es que tenéis que poner algo de vuestra parte, no os encerréis como rata de biblioteca, os tocará abrir vuestro círculo social y mostraros siempre disponibles. Si os cerráis en banda después de un fracaso amoroso va a ser como poneros una capa de invisibilidad. También deberéis bajar algunas fantasiosas expectativas, pensad que ese ser de carne y hueso es humano, con todos los puntos positivos y negativos que ello conlleva. ¡Pero sobre todo no os deis por vencidos y dejad vuestro corazón abierto para que él o ella os divise con suficiente claridad!

Daniel Domínguez

Still Loving You

Scorpions

Álbum: *Love At First Sting*
Año: 1984
Compositores: Rudolf Schenker y Klaus Meine

¿Recordáis cuando los grupos *heavy* sacaron su lado más tierno tocando grandes baladas?

Hablaremos de la que podría ser la balada rock por antonomasia, «Still Loving You». Esta es una creación de las mentes pensantes de los Scorpions, un grupo alemán de heavy metal/hard rock que nació a mediados de los sesenta, por lo que lleva una buena carrera a sus espaldas.

Para cuando el grupo empezó a grabar su noveno álbum de estudio, *Love At First Sting*, el guitarrista Rudolf Schenker aún tenía dudas sobre si incluir o no «Still Loving You» en el álbum, ya que hacía seis años que le daba vueltas, quizá por miedo a que sus fans *heavies* no aceptaran la balada. Con sus casi siete minutos de duración, la canción arrasó, eso sí recortada a cuatro en algunas emisoras, perdiéndose gran parte del solo de guitarra. El éxito de la canción llegó en el momento justo, cuando los Scorpions necesitaban una pieza que los alzara de nuevo en las listas.

Si se le echa un primer vistazo, la letra hace referencia a una relación de amor rota, en la que el personaje que habla en primera persona le pide a su amada una segunda oportunidad para conquistarla de nuevo, ya que con la ruptura la chica se ha cerrado en banda y se han distanciado, estando él aun completamente enamorado de ella. Pero si se lee entre líneas, encontraremos otro mensaje oculto; en una estrofa de la canción se dice «Tu orgullo ha construido un muro tan fuerte, que no puedo atravesarlo», o bien «Solo el amor puede un día romper el muro». Recordad que estábamos a mediados de los ochenta, con un Berlín dividido en dos por un muro, y el sentimiento de muchos alemanes por aquel entonces era el de reunificación, aunque aún faltaría un tiempo para que se hiciera realidad y cayera el llamado «muro de la vergüenza». Especialmente, cuando esto ocurrió, los Scorpions presentaron una nueva balada rock, «Wind of Change», que se convirtió en un himno de la paz, celebrando el fin de la guerra fría y triplicando el éxito de su antecesora.

Aunque esto de la paz, el amor y la reunificación estuvo muy bien, los Scorpions no estaban exentos de polémica, ya que la censura les prohibió la portada del álbum al enseñar la modelo parte de un pezón.

Carátula del disco *Love At First Sting*.

Eso sería normal o casual, de no ser porque más de la mitad de las carátulas de discos de Scorpions han sido censuradas, especialmente la del LP *Virgin Killer*, en la que estos alemanes provocadores osaron mostrar a una menor desnuda en todo su esplendor, cayéndoles un puro similar al que tuvo que pagar el grupo Blind Faith, liderado por Eric Clapton, al que también le pareció una buena idea mostrar a una niña desnuda con un objeto fálico entre las manos.

Cabe destacar el estudio que realizó el gobierno francés en el que se afirma que nueve meses después de la salida al mercado de «Still Loving You» se incrementó el número de bebés, experimentando un llamado «Baby Boom». Y es que, ¿quiénes de vosotros no teníais en vuestro casete de lentas esta canción? Escuchándola con el chico o chica que os gusta, estirados en la hierba, solo puede llevar a una situación.

I'm still loving you, I need your love, I'm still loving you, I need your love.	Todavía estoy enamorado de ti, necesito tu amor, todavía estoy enamorado de ti, necesito tu amor.

¿Por qué te inspira?

En fin, las rupturas es lo que tienen, algunas con posibilidades de retornar con tu ex y otras que imposibilitan cualquier reconciliación por el número de factores que destrozaron los cimientos de la relación, sean de convivencia, celos o incluso infidelidades.

Si estás en el primer grupo y quieres recuperar su amor más te vale centrar tu cabezota, ya que si esa persona te brinda una segunda oportunidad, no puedes cagarla de nuevo, realmente has de comprender en qué cosas metiste la pata y valorar si eres capaz de enmendar o mejorar tu estilo de vida. Piensa que cada uno es como es y adaptarse a una relación de pareja requiere de un tira y afloja por ambas partes, con episodios más complejos que otros. Si llegas a este acuerdo contigo mismo no quiere decir que todo vaya sobre ruedas, pero ya tendrás mucho ganado.

You're The First, The Last, My Everything

Barry White

Álbum: *Can't Get Enough*
Año: 1974
Compositores: Peter Radcliffe, Tony Sepe y Barry White

Amor y Desamor

De canciones para practicar sexo encontramos de muchas clases, pero cobran un sentido especial si la voz que las interpreta es Barry White. Los comienzos de este orondo afroamericano no fueron fáciles. Cuando era un adolescente vivía en un gueto chungo de Los Ángeles, la violencia era una forma de supervivencia y White cometía delitos como el que va a comprar el pan. Robos a mano armada, peleas contra bandas, hurtos en casas… no había nada a lo que el grandullón White hiciera ascos. Pero en una de estas fechorías acabó con sus huesos en la cárcel por robar neumáticos. Encerrado y con una larga condena por delante se preguntaba a sí mismo cómo poder cambiar de vida. Fue entonces cuando la música, casi por arte de magia, escuchó sus plegarias. Una noche, mientras estaba recluido en su celda, puso la radio y de ella salió la voz de Elvis Presley interpretando «It's Now Or Never». De algún modo, Elvis le estaba enviando un mensaje, la redención era ahora o nunca. Ese momento ilumino la bombilla de Barry White, quería ser artista, quería cantar como el tipo que sonaba a través del aparato. Contó los días que le quedaban para salir de ese sucio agujero y cuando volvió a casa decidió ir a probar suerte a Hollywood. Ando más de treinta kilómetros a pie hasta llegar al lugar donde encontraría el éxito. Eso sí, se topó de cara con el racismo más retrógrado, pero fue más listo que todo eso y se puso manos a la obra. Produjo a varias cantantes, llevándolas a la gloria. Hasta que un buen día el presidente de la compañía le escuchó cantar y se sorprendió gratamente: había encontrado un diamante en bruto.

La historia de «You're The First, The Last, My Everything» también tiene miga, el tema nació en 1953 de la mano de un músico country de nombre Peter Radcliffe y tuvieron que pasar casi veinte años para que este se encontrara con White. Quedó entusiasmado con la canción, y decidió grabarla e introducirla en su tercer disco de estudio *Can't get enough*. Eso sí, tuvo que adaptar los sonidos country a otros más de

Daniel Domínguez

moda sonidos funky y disco, además de aportar ese sensual torrente de voz tan característico suyo y alejándolo del monótono registro vocal de Radcliffe. En poco tiempo la canción empezó a escalar posiciones en diferentes *charts* y alcanzó el número uno del Billboard Hot Soul Singles, convirtiéndose en un clásico instantáneo. ¡Hasta Pavarotti quiso compartir escenario con White para interpretar tal himno! Cabe destacar que en 1974 aumentó el número de nacimientos en América y a muchos de esos niños se les puso de nombre Barry. Él mismo comentó en una entrevista estar enormemente orgulloso de que muchos de estos chicos fueran engendrados con su música sonando de fondo. Aun y con el enorme éxito cosechado, a White no le traía buenos recuerdos la canción, ya que él siempre la asoció al divorcio con su mujer. Como curiosidad para los fans de South Park, deciros que el personaje del chef está inspirado en Barry White y que a él mismo le ofrecieron doblarlo, pero declinó la oferta, siendo el también músico Isaac Hayes el que cogió el relevo. Desgraciadamente en 2003 la voz del «maestro» (como era recordado en Estados Unidos) Barry White se apagó para siempre.

My first, my last, my everything,
and the answer to all my dreams,
You're my sun, my moon, my guiding star,
my kind of wonderful, that's what you are.

Mi primera, mi última, mi todo,
y la respuesta a todos mis sueños,
eres mi sol, mi luna y la estrella que me guía,
mi tipo de maravilla, eso es lo que eres.

♪ ♪ ♪

¿Por qué te inspira?

Para vosotros, fogosos lectores, que hayáis encontrado a vuestra media naranja podéis rendir un gran tributo a la bestia parda del Soul Barry White. Y podéis hacerlo recordando por qué esa persona que tenéis al lado os robó el corazón, a ese ser con el que os levantáis de la cama cada mañana y que aunque esté despeinado y con los ojos legañosos os parece el más guapo del mundo. Aquel que solo con nombrarlo se os dibuje una estúpida sonrisa en la cara. El que os envía mensajes cariñosos antes de llegar a casa y vosotros los releéis una y otra vez, ansiosos por que llegue el momento del reencuentro, aquel con el que compartís un idioma de signos que solo vosotros conocéis, la persona que teje vuestros sueños para hacerlos más reconfortantes, esa que es vuestro principio, vuestro final… vuestro todo.

Amor y Desamor

Daniel Domínguez

Do You Really Want To Hurt Me?

Culture Club

Álbum: *Kissing To Be Cleaver*
Año: 1982
Compositores: Culture Club

De los tropecientos subgéneros que emergieron en los ochenta, uno de ellos fue el New Romantic, nacido en Inglaterra, que cogió el relevo de los ya difuntos Punk y Glam Rock. En este nuevo movimiento cultural tiene una importancia especial lo visual, la ropa glamurosa y los trajes salidos del siglo XIX, los peinados imposibles, el maquillaje facial recargado masculino y femenino, las canciones festivas con toques de funk y letras con más profundidad. Como figura visible del género, podemos citar a David Bowie, auténtico camaleón musical que supo adaptarse a cada época.

Por esos tiempos tenemos a un joven llamado George Alan O'Dowd, más conocido en el mundo de la música como Boy George, que trabajaba como guardarropa en el Club Blitz, un local de la bohemia londinense por donde pasaron gente como Spandau Ballet o Duran Duran. Por aquel entonces, a Boy George se le podía reconocer de lejos, ya que vestía ropa de mujer, chaquetas cinco tallas más grandes, llevaba el cabello teñido de naranja con extensiones a juego y se maquillaba el rostro totalmente, como una muñeca de porcelana. No hace falta decirlo, pero Boy George es abiertamente gay; su androginia me llevaba a la confusión cuando yo era pequeño, dudando de su verdadero sexo. Consiguió un contrato discográfico y fundó Culture Club, por lo que escribió las primeras canciones para su primer álbum *Kissing To Be Cleaver*.

Dentro de la banda, George mantenía una relación con el baterista Jon Moss, que se mantuvo en secreto durante seis años a petición de su *manager*, que no quería levantar polémica si el cotilleo llegaba a la prensa o a las emisoras de radio. De esta frustrante experiencia nace la canción «Do You Really Want To Hurt Me», ya que George se sentía atado al no poder declarar su amor públicamente. El ritmo de la canción es una fusión de estilos de los ochenta pero con una marcada base de reggae. Fue entonces cuando la discográfica le ofreció presentar dicha canción como single promocional, a lo que George se negó, ya que consideraba la letra demasiado personal, pero en el último momento cedió y la canción les llevó a la fama instantáneamente.

A partir de esta, George reconoce que muchas de las canciones que escribe lo hace pensando en Jon Moss. Para su desgracia, tiempo después Jon se enamoró de una mujer y la relación sentimental con George terminó.

En 1983 lanzaron el siguiente álbum, *Colour By Numbers*, que contenía el éxito que les haría subir como la espuma: «Karma Chamaleon». Fue entonces cuando Boy George se vio atrapado por el mundo de la fama y se hizo adicto a las drogas duras, lo que ocasionó problemas en el núcleo del grupo, especialmente cuando George fue detenido por la policía.

En la foto, Boy George.

A partir de ahí, la vida de George dio más que hablar por sus escándalos que por su música. En una ocasión fue llevado a juicio por una mujer que afirmaba haber tenido un hijo con el cantante. Él se tomó la acusación a risa, ya que, como es bien sabido por todos, George pierde más aceite que la furgoneta de los Village People, por lo que sostuvo que nunca tuvo relaciones con una mujer, haciéndose las pruebas de ADN para zanjar el asunto. Pero no todas las acusaciones eran falsas; por ejemplo, tuvo que pisar la cárcel por retener esposado en su domicilio a un prostituto noruego y azotarle en repetidas ocasiones. Entre salidas y entradas del juzgado a veces juntaba de nuevo a Culture Club para hacer alguna gira. También ejerció como DJ en prestigiosos clubs de todo el mundo.

Give me time,	Dame tiempo,
to realize my crime.	para darme cuenta de mi crimen.
Let me love and steal.	Déjame amar y robar.
I have danced	He bailado
inside your eyes.	dentro de tus ojos.
How can I be real	Cómo puedo ser real
do you really want to hurt me?	¿realmente me quieres hacer daño?

¿Por qué te inspira?

Como en la letra de la canción, a lo largo de la vida te encontrarás con gente que va a intentar joderte, y contra eso es difícil luchar. Lo importante es cómo reaccionar ante esos viles ataques. Lo primero de todo es no quedarse con ese malestar dentro. Hay personas que quieren hacer daño con sus comentarios y otras que simplemente son necias y no saben medir sus palabras, abren la boca y sube el pan. Si son del segundo grupo, no tengas miedo a expresarles que te ha sentado mal algo que han dicho; si les sabes hacer llegar el mensaje en un idioma que sus débiles mentes puedan entender, lograrás cierta empatía con tus palabras. Eso sí, zanja el asunto, no te repitas cada dos por tres o parecerás un disco rayado y monopolizarás el problema. En cuanto a los que quieren hacer daño conscientemente, pasa de ellos, no hay nada que les cabree más que ser ignorados. Si entras en su juego te meterás de lleno en una guerra de reproches, y, como ya sabes, las guerras no suelen tener buen fin.

You Are The One That I Want

John Travolta & Olivia Newton John

Álbum: *Grease Soundtrack*
Año: 1978
Compositor: John Farrar

¿Qué tiene la película *Grease* que nos deja pegados a la pantalla cada vez que la vemos? Tanto cuando la emiten por televisión como cuando desempolvamos el DVD de alguna edición especial con canciones en *karaoke* que están más rayadas que el Iphone de Eduardo Manostijeras.

Para intentar contestar esta pregunta debemos ir al principio: ¿de dónde sale el fenómeno *Grease*? Todo empezó siendo un musical escrito en 1971 por Jim Jacobs y Warren Casey. En él se narraban las aventuras de un grupo de chicos y chicas de los cincuenta, con bastante carga autobiográfica por parte de sus creadores, que vivieron los años del rock & roll en el instituto, cuando eran jóvenes. A partir de su éxito en Broadway, dos productores avispados compraron los derechos del musical y adaptaron varias partes para hacerlo más atractivo. Tiempo después, Paramount Pictures dio un paso más y llevó a las pantallas el afamado musical con John Travolta (que ya había formado parte del elenco teatral) y Olivia Newton John.

La verdad es que Olivia no tenía claro participar en la cinta, desengañada por fracasos anteriores, por lo que Travolta fue hasta su casa para convencerla, formando así una pareja con una increíble química en sus respectivos roles.

¿Por qué nos gusta tanto la historia? En realidad, es bien sencilla: una pareja de tortolitos vive un intenso y fugaz noviazgo de verano prometiéndose volver a verse cuando este finalice. Casualidades de la vida hacen que pasadas las vacaciones se encuentren en el mismo instituto. Ahí las cosas son bastante diferentes, el Danny Suco romántico y enamorado con el que Sandy se rebozaba en las playas de California es ahora el líder de los T-Byrds, un grupo de macarrillas con chupas de cuero cuyos máximos propósitos son demostrar lo varoniles que son en absurdas carreras de coches y meterse debajo de las faldas de tantas adolescentes como puedan. Delante de sus esbirros, Danny ha de esconder su lado romántico, mostrándose vacilón frente a la atónita mirada de Sandy, que no sabe qué está pasando. En el bando de las chicas están las Pink Ladys, el equivalente femenino a los T-Byrds, a las que una inocente Sandy se unirá.

A partir de ahí, entre coreografías y canciones que todos os sabéis (como el baile de fin de curso), avanza la historia de amor entre idas y venidas por parte de ambos personajes, llegando al clímax donde una Sandy completamente cambiada y embutida en un traje de cuero hace caer la baba de Danny Suco, ofreciendo el baile/canción más recordado por todos (con permiso de «Summer Nights»). Detrás de una producción de este calibre, se encuentran incontables anécdotas, como, por ejemplo, la referente a la edad de los protagonistas, que aunque interpretaban a adolescentes, algunos de ellos tenían treinta tacos; no me imagino la de veces que debían repetir curso. También tenemos al personaje de Kenickie, interpretado por el actor Jeff Conaway, que tuvo que andar curvado toda la película para no parecer más alto que John Travolta. Aunque una de las más recordadas es la del traje de cuero que llevaba Sandy en la escena final; se dice que fue escogido por ella de entre todo el atrezo y que en un momento determinado el traje, de tan apretado que le iba, se rompió, viéndose en serios apuros para arreglarlo y concluir el rodaje antes de mostrar sus posaderas a todos los ahí presentes.

Como consecuencia de las varias veces que esta atemporal película vuelve a estar de moda, más numerosos son los exitosos musicales que nacen en la actualidad siguiendo su estela.

You're the one that I want, oh,	Tú eres el que quiero, oh,
honey the one that I want, oh,	cielo, tú eres el que quiero, oh,
honey the one that I want, oh,	cielo, tú eres el que quiero, oh,
can't you see, oh yes indeed.	no lo puedes ver, oh de verdad.

¿Por qué te inspira?

La temporada estival es propicia para el amor. Varios factores alterarán vuestra libido, sin responsabilidades de trabajo o estudio debido a las vacaciones, aumentos de temperatura y cuerpos ligeros de ropa, largas y etílicas noches en la playa, donde beberéis un mojito tras otro mientras suena música en el chiringuito. Es en una de esas salidas cuando chocas con él o ella; en ese momento todos los planetas se alinean y después de charlar un rato te parece la persona más fantástica que has conocido jamás. Él o ella está de vacaciones a cientos de kilómetros de su hogar, pero eso poco importa, los amores de verano (normalmente) tienen fecha de caducidad, por lo que aprovechas el tiempo de vacaciones para exprimir al máximo esa relación, disfrutar sin malos rollos ni presiones. Una vez concluido ese tiempo, toca volver a la vida real, aunque tenéis varias opciones, si estáis preparados y queréis dar un nuevo paso podéis continuar esa relación y, con la bajada de temperaturas, dejar que él o ella conozca vuestra ropa de invierno. Si no es así, dejad que ese efímero amor se diluya con los últimos atardeceres del verano, manteniendo el recuerdo de un bonita aventura y volved a vuestra rutina diaria, recordando el dicho: «Lo bueno, si breve... dos veces bueno».

Daniel Domínguez

Amores del pasado

La chica de ayer

Nacha Pop

Álbum: _Nacha Pop_
Año: 1980
Compositor: Antonio Vega

La España de finales de los setenta estaba pasando una transición, había terminado una dictadura de cuarenta años y, tras la entrada de un partido democrático al poder, la sociedad avistaba una nueva manera de expresión.

Estamos en los ochenta, y debido a todos los cambios provocados por la transición, muchos artistas que anteriormente se vieron limitados o vetados ven el camino libre para expresar su arte de diferentes formas. Tanto músicos como escritores o directores de cine propiciaron una tendencia contracultural llamada la «movida madrileña».

De entre ellos, podemos encontrar a Pedro Almodóvar, Alaska, Los Secretos o el autor de «La chica de ayer», Antonio Vega. La canción con el tiempo ha pasado a ser la banda sonora de una época, de esos años ochenta donde la creatividad de unos artistas estaba desbocada tras casi un lustro de represión.

El tema, presentado en 1980, surgió realmente unos pocos años antes, mientras Antonio estaba cumpliendo el servicio militar en Valencia. En sus ratos libres cogía papel y lápiz y escribía sobre emociones o experiencias vividas en el pasado. Especialmente en una de estas se basó para escribir lo que sería «La chica de ayer».

Cuando Antonio contaba con tan solo veinte años, conoció a una chica bilbaína que por aquel entonces tenía diecisiete. Ambos vivieron un amor adolescente. Esta aventura fue corta, ya que se dice que ella tenía un noviete y no quería que este se enterara. Años después, cuando formó con su primo Nacha Pop, le presentó la canción al productor del álbum, Teddy Bautista. Este último consideró que a la canción le faltaba ritmo y le aconsejó hacerla más rápida, recordándole una grabación a la que pudo acceder años atrás del grupo Lovin' Spoonful, en el momento en que estaban en el estudio registrando el tema «Do You Believe In Magic».

El cambio en el ritmo fue todo un acierto y así es como la conoció el público cuando el tema salió a la luz. Pero aquí llega el momento de la controversia. Un día, el gerente de Discos Melocotón, Carlos Abraxas,

mientras buceaba entre cientos de viejos vinilos, puso en su tocadiscos uno de un artista argentino llamado Piero De Benedictis, y se llevó la sorpresa de su vida, la canción que en ese momento estaba escuchando «La caza del bisonte» le recordó de alguna manera a «La chica de ayer». Rápidamente, se puso en contacto con su amigo y musicólogo Vicente Fabuel, y le pasó un mail adjuntándole las dos canciones en mp3 para que valorara por sí mismo. En ese momento, estas dos canciones recorrieron el mundo

Disco de Piero De Benedictis

de las radios en España y todos llegaron a una conclusión, que los dos temas se parecían, no por la letra, sino más bien por la estructura de la canción. Aquí es cuando vinieron las dudas: si Antonio Vega escribió el tema en 1977 y la canción de Piero se grabó en el año 1975, ¿de dónde proviene el posible plagio? Podemos pensar mal y recordar que el productor del disco de Nacha Pop fue Teddy Bautista, hoy día conocido por llenarse los bolsillos de pasta con su famoso fraude en SGAE; quién sabe si en el pasado ya era un poco pillastre y se apropió de la estructura del tema de Piero. Antonio Vega tampoco nos va a poder descifrar el enigma, ya que, preso de la droga, vivió sus últimos años sufriendo varias dolencias, hasta su muerte en 2009.

> Me asomo a la ventana, eres la chica de ayer,
> demasiado tarde para comprender,
> mi cabeza da vueltas persiguiéndote,
> mi cabeza da vueltas persiguiéndote,
> mi cabeza da vueltas persiguiéndote,
> mi cabeza da vueltas persiguiéndote.

¿Por qué te inspira?

Bien, melancólico lector, tal y como le pasó a Antonio Vega mientras escribía la letra de «La chica de ayer», a muchos de nosotros nos cuesta deshacernos del lastre de un amor pasado. Cuando se vive un romance y este te deja pillado, quizá por ser el primero que vives o bien por la intensidad con la que se desarrolló, involuntariamente nuestro maldito cerebro deja guardados estos recuerdos para posteriormente martirizarnos con las imágenes de lo felices que éramos o podíamos haber sido en un tiempo anterior. Y es que una vez rompes una relación por completo, siempre, aunque no queramos, quedan cosas pendientes, por ejemplo, el típico «si le hubiera dicho esto o aquello», o infinidad de preguntas sin responder. Por eso es importante cerrar ciclos. Finalizar y dar carpetazo a una relación es una forma sana de volver a comenzar de cero sin perder la cabeza ni sentirte arrastrado por el pasado. Tampoco se trata de renunciar a ello, eso realmente pasó, pero no hemos de quedarnos anclados estoicamente en ese pensamiento; deshacernos de ello será esencial a la hora de conocer gente nueva y dejarnos sorprender por todas las emociones y sentimientos que esta nos brinde.

En la foto, Antonio Vega.

My Baby Just Cares For Me

Nina Simone

Álbum: *Little Girl Blue*
Año: 1958
Compositores: Walter Donaldson y Gus Kahn

Amor y Desamor

Encontrar el éxito no siempre es fácil, depende de varios factores que son como astros que han de alinearse, y a veces incluso han de pasar años hasta que esto ocurra, como le pasó a Nina Simone con la canción «My Baby Just Cares For Me».

Eunice Kathleen Waymon, o más conocida como Nina Simone, demostró desde la infancia su habilidad con el piano. A los cuatro años ya daba sus primeros conciertos en la iglesia local y los fieles recorrían cientos de kilómetros solo para escuchar la obertura de la misa interpretada por ella. De entre el gentío salió alguien especial, una señora acaudalada que se propuso costearle los estudios de música. Esforzándose al máximo, entró en el conservatorio nacional de Nueva York. No había más *hobbies* para ella que tocar el piano. Pero sus sueños se quebraron cuando no pudo conseguir entrar en la orquesta. Posiblemente el problema fuera el tono de su piel (pensad que estamos en los racistas cincuenta).

A pesar de su desánimo, Nina no quiso abandonar el mundo de la música y se puso a trabajar de cantante en bares chungos de Nueva York; ahí tocaba todos los géneros, del blues al jazz, ninguna versión de un tema se le resistía. De sus bolos nocturnos en el bar nació su apodo, Nina por como la llamaba un novio latino que tuvo, y Simone por la admiración que sentía por la actriz francesa Simone Signoret.

En 1958 graba su primer álbum, del que extrae con éxito «I Loves You Porgy»; a partir de ahí incluye en sus actuaciones fuertes cargas de denuncia racial, quizá recordando un incidente ocurrido en su primer concierto cuando ella tenía diez años: sus padres se sentaron en los primeros bancos, pero fueron retirados para acomodar a gente blanca.

La segregación racial marcó su carácter, uniéndose a los panteras negras, lo que le acarreó no pocos problemas, y cuando Martin Luther King fue asesinado, Nina dejó atrás América harta del racismo, y se instaló en varias ciudades, pasando parte del tiempo en París, donde se estableció y pasó el resto de su vida entre matrimonios fallidos y problemas mentales, ya que padecía bipolaridad. Aunque esa enfermedad afectaba a su temperamento, en los últimos años de su vida, estuvo más abierta a los fans y explicaba anécdotas en los conciertos.

Pero, hablando de «My Baby Just Cares For Me», hemos de pensar que la canción original nació en 1930, compuesta por Walter Donaldson y con letra de Gus Khan para la película *Whoopee!*

Fue más tarde, en 1958, cuando Nina Simone inluiría una versión del tema en su álbum *Little Girl Blue,* y aunque la canción quedara inmortalizada en la voz de Nina Simone, no supuso un especial éxito en las listas. Tuvieron que pasar unos cuantos años más, en 1985, cuando la marca de perfume Chanel Nº 5 lanzó un anuncio de televisión y utilizó la versión de «My Baby Just Cares For Me» de Nina Simone, logrando así que la popularidad de la canción se disparara, llegando incluso a grabar un videoclip creado a partir de plastilina y con la técnica Claymation, donde explicaba la historia de un gato callejero que desea estar con la gata cantante de un club y hará todo lo que esté en su mano para conseguirlo. Como todos sabéis los gatos venden, con lo que fue la guinda para que la canción se quedara definitivamente como clásico para los tiempos de los tiempos.

| My baby don't care for shows, my baby don't care for clothes, my baby just cares for me, my baby don't care for cars and races, my baby don't care for high-tone places. | Mi chico no se preocupa por exhibirse, mi chico no se preocupa por la ropa, mi chico solamente se preocupa por mí, mi chico no se preocupa por coches ni carreras, mi chico no se preocupa por sitios de altos vuelos. |

¿Por qué te inspira?

A ver, desaborido lector, a todos nos gusta que nos mimen y nos muestren pequeños detalles que nos hagan sentir especiales para el otro. Pero, por si vas falto de ideas o te sientes sin ánimo de pensar, aquí te traigo algunas de bien frescas para que las lleves a cabo. Crea una especie de talonario de vales en el que cada hoja sea un deseo, por ejemplo, un masaje erótico, una sesión de cine con palomitas (aquí te arruinarás), un desayuno en la cama, etc. Dale el talonario a tu pareja y que ella elija uno de estos deseos cada vez que le venga en gana. ¿Has pensado en regalarle un fin de semana en una casa rústica con jacuzzi en la habitación? La relajará de toda la semana de trabajo y de todos los problemas y además viviréis una excitante experiencia. También puedes acompañarle en algún hobby suyo, como puede ser una clase de pintura o baile, ¡eso, aparte de sacar tu ridículo interior, hará que estéis más compenetrados!

Daniel Domínguez

She
Tous Les Visages De L'Amour

Charles Aznavour / Elvis Costello

Álbum: *Visages De L'amour*
Notthing Hill B.S.O
Año: 1974 / 1999
Compositor: Charles Aznavour y Herbert Kretzmer

A mediados de los cincuenta, los galos encontraron el camino hacia el éxito musical, pero la chanson française nació mucho antes, a principios del siglo xv, en plena Edad Media y posteriormente en el Renacimiento, y aunque de esto hace mucho tiempo, los principios de la chanson eran los mismos, letras de amor o desamor, en principio cantadas a dos o tres voces y después añadiendo una parte instrumental.

Con el pasar de los años, la chanson se mete de lleno en la ópera, llegando al siglo xix, con obras más sofisticadas, como el archiconocido «Clair de lune» de Debussy. Pero llegamos al siglo xx, cuando una serie de cantautores se inspiran en el espíritu trovador de sus antepasados y ponen de moda un estilo de canciones melancólicas y de componente social.

Podemos destacar a Jacques Brel con su «Ne me quitte pas» o a Edith Piaf con «Non, je ne regrette rien». Pero nosotros nos centraremos en uno, Shahnourh Varinag Aznavourian (impronunciable para mí), más conocido como Charles Aznavour, al que llamaban «el Frank Sinatra francés» (esperemos que no fuera por mantener contactos con la mafia).

Aznavour ha escrito quizá más de mil canciones, cantadas en varios idiomas: francés, inglés, ruso, armenio, italiano y español. No contento con darnos envidia sana al dominar la música y los idiomas, también es un reconocido actor y exitoso pintor.

Cuenta la historia que el periodista y compositor Herbert Kretzmer recibió una petición de escribir una pieza musical para la alemana Marlene Dietrich. Rápidamente puso toda su capacidad creativa a trabajar y de ese esfuerzo salió «She». El problema es que cuando la repasó vio que era una canción que hablaba del lado emocional de la mujer y consideró que esas palabras debían sonar mejor en voz de un hombre y convertirla en una perfecta canción de amor, y quién mejor que

Charles Aznavour para llevar a cabo dicha proeza. Se hicieron arreglos y cambios en la letra, quedando lista en unos meses para ser editada.

Después de lanzar el single en francés, la canción se grabó en varios idiomas, como el inglés y el español. Cabe decir que fue un sonoro fracaso tanto en Francia como en Estados Unidos, pero sorprendentemente en Inglaterra fue recibida con más euforia, alcanzando el número uno y convirtiéndose en un clásico.

Pasaron los años y en 1999 Declan Patrick McManus, más conocido como Elvis Costello, tomó prestada «She» de Aznavour e hizo una versión para el film *Nothing Hill*, con lo que disparó de nuevo su popularidad, tanto la de la versión aparecida en la película como la de la original. Se dice que el día en que Costello se presentó en el estudio de grabación se llevó una gran sorpresa: dentro había una orquesta formada por noventa personas preparada para ejecutar la parte instrumental de «She».

Elvis Costello es un cantante británico aparecido en la era del pospunk, que se hizo un hueco en la música trabajando duro y sacando discos como churros; artista inquieto, ha tocado todos los géneros posibles, sacando buena nota de cada uno de ellos. En sus inicios fue rápidamente conocido por su aspecto: enclenque y ataviado con unas enormes gafas de pasta emulando a Buddy Holly.

Desgraciadamente, a causa de su carácter vivió uno de los momentos más embarazosos que pueda tener un artista en promoción. Mientras estaba de gira por América en el año 1977, después de finalizar un concierto en Ohio pensó que sería buena idea ir a celebrarlo al bar del hotel donde se alojaban. Allí se encontró con Stephen Stills exmiembro de Buffalo Springfield, con el que entabló una amena charla sobre las diferencias entre América e Inglaterra. Como consecuencia de la intoxicación etílica de Costello la charla empezó a caldearse al referirse a Ray Charles como «un negro ciego e ignorante». A Stills, que ya llevaba media conversación rebotado por las impertinencias del inglés, solo le faltó escuchar aquello para darle una torta (por la que posiblemente le saltaran las gafas de pasta) y se fue enfurecido a su autocar. No es necesario decir que este incidente le causó el veto en Estados Unidos por xenófobo durante años, y es que si se te calienta la boca cuando empinas el codo, mejor no tratar según qué temas, ¿no, Costello?

Daniel Domínguez

She,
may be the face I can't forget,
a trace of pleasure I regret,
may be my treasure or the price I have to pay,
She may be the song that Solomon sings,
may be the chill that Autumn brings,
may be a hundred tearful things,
within the measure of a day.

Ella,
puede ser el rostro que no puedo olvidar,
un rastro de placer del que me arrepiento,
puede ser mi tesoro o el precio a pagar,
puede ser la canción que canta Salomón,
puede ser el frescor que trae el otoño,
puede ser un centenar de cosas tristes,
a lo largo de un día.

¿Por qué te inspira?

Tal y como nos descubre la canción, no se puede estar sin las chicas... ni con ellas. Te pueden elevar al cielo o hundir tu cara en el barro. Todos en alguna ocasión acabamos un poco desquiciados intentando entenderlas, y es que el mecanismo de una mujer es completamente diferente al de un hombre; los miles de engranajes, tuercas y artefactos que trabajan sin parar dentro de la cabeza de una mujer no se pueden comparar con el único interruptor que tenemos los tíos. Aunque quizá ese sea su principal encanto y el porqué nos quedamos prendados de ellas, estas mentes enigmáticas y misteriosas. Sufrido lector, si hablando con una chica la cagas, discúlpate...; y si es ella la que se equivoca, discúlpate igualmente. Haz caso de este último consejo, ¡llegarás lejos!

Debería poder vivir sin ti

Without You

Badfinger / Harry Nilsson

Álbum: *No Dice / Schmilsson*
Año: 1970-1971
Compositores: Pete Ham y Tom Evans

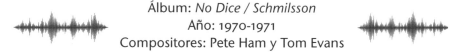

Hay una serie de historias tristes dentro de la historia del rock, aquí trataremos una de ellas, la del grupo maldito Badfinger.

Sobre el año 1967 el contable de los Beatles les dijo que ganaban mucha pasta, pero que se dejarían parte de ella en impuestos a no ser que abrieran un negocio en el que reinvertir. Dicho y hecho, un año después los Beatles jugaron a ser empresarios y abrieron la Apple Store (en esos años Steve Jobs aún tomaba papilla). La tienda, muy bonita, pero poco después tuvo que cerrar. Ahí robaba todo el mundo y no había ganancias por lo que buscaron otros caminos, como el negocio tecnológico, en el que tampoco acertaron, y se centraron en producir a artistas. Uno de ellos es Badfinger, que consiguió firmar un contrato con Apple Corps y, respaldado por los Beatles, empezó una meteórica carrera en el mundo del rock. El mismo McCartney le cedió un tema escrito por él, «Come And Get It», y el éxito no tardó en llegar, la crítica aupó al grupo como los «Nuevos Beatles». Después de este éxito presta-do, Peter Ham y Tom Evans, cabezas pensantes del grupo, empezaron a componer temas para un segundo álbum, el llamado «No Dice», su obra maestra, que incorporaba el *hit* «Without You»; todo les sonreía.

Hasta aquí todo correcto, de no ser porque tuvieron al manager más cabrón de la industria musical. Apple les encomendó a Polley como manager para despegar su carrera en Norteamérica. Lo que ellos no sa-bían es que este tipejo se traía trapicheos chungos con la mafia y se lle-naba los bolsillos estafando a los artistas que representaba, y mientras él vivía como un rey con los beneficios, Badfinger vivían todos juntos en un piso ratonera sin ni siquiera tener un televisor. Para la desgracia del grupo apareció el otro invitado de esta historia, el cantante Nilsson, amigo de borracheras de Lennon, que en una de estas fiestas escuchó en la radio el tema «Without You», queda encantado y decidió grabar una versión justo un año después de ser lanzado por Badfinger. Este lanzamiento lo convirtió en el número uno mundial, dejando en un segundo plano la versión original y quedando para el recuerdo la inter-pretada por Nilsson. Fue entonces cuando Apple Corps hizo aguas por

Daniel Domínguez

todos lados y los pobres Badfinger quedaron en manos del maldito Polley, que aparte de cargar pérdidas en las cuentas oficiales del grupo, volvió a hacer de las suyas y consiguió un contrato millonario con Warner, que cobró por adelantado en su bolsillo, dando migajas de ese dinero a Badfinger.

Badfinger

Grabaron unos cuantos discos para Warner y al fin descubrieron que Polley les llevaba timando desde el principio. Es en 1975 cuando un deprimido y derrotado Peter Ham, viviendo casi en la indigencia, cubierto de deudas que no puede pagar, decide quitarse la vida ahorcándose en su garaje; en su carta de despedida tiene unas «palabras» para Polley. En su momento se ninguneó el caso; ni Warner ni Apple Corps se hicieron eco del asunto. Años después, Tom Evans cansado de no recibir ni un penique por su aportación al mundo de la música, trabajando como instalador de moquetas, hastiado de oír versiones y versiones de su canción, fue en busca de un árbol y tomó el mismo camino que su amigo Peter Ham. Esta es la trágica historia de un grupo que pudo tomar las riendas del power pop.

Los seguidores de la serie *Breaking Bad* han podido disfrutar de otra canción de Badfinger, «Baby Blue», con la que se cierra la serie, devolviendo el merecido éxito a Badfinger en nuestros tiempos. A día de hoy los tribunales han dado la razón a Peter Ham y Tom Evans sobre el fraude que sufrieron por parte de su odioso manager, pero desgraciadamente ya no están vivos para poder disfrutar de tal resolución.

Can't live, if living is without you, I can't live, I can't give anymore, I can't live, if living is without you, can't live, I can't give anymore, if living is without you.	No puedo vivir, si vivir es sin ti, no puedo vivir, no puedo dar más, no puedo vivir, si vivir es sin ti, no puedo vivir, no puedo dar más si vivir es sin ti.

¿Por qué te inspira?

No hay frase más peligrosa que la de «no puedo vivir sin ti». Por una parte la hemos oído en muchas canciones y leído en cientos de Facebooks, pero… ¿Hasta qué punto es bueno depender de la persona amada? Yo, querido lector, te recomiendo que cada uno tenga su espacio, y tú disfrutes del tuyo. ¡Vive y deja vivir!

Eres mi maravilla

Wonderwall

Oasis

Álbum: *What's The Story (Morning Glory)*
Año: 1995
Compositor: Noel Gallagher

Cuando el depresivo Kurt Cobain se disparó en la cara con una escopeta a mediados de los noventa, el movimiento grunge, tal y como se conocía inicialmente, ya estaba dando sus últimos coletazos; el «postgrunge» estaba sacando la cabeza, manteniendo algo de su espíritu pero reduciendo el sonido «malrollero» de sus inicios y buscando unas melodías más comerciales y accesibles. Esto pasaba en América, pero en el Reino Unido ya llevaban un tiempo hartos de tíos greñudos vistiendo harapos como mendigos que decían que la vida era una mierda y que lo mejor que quedaba era suicidarse. Unos pocos grupos estaban preparando una segunda venida, la del resurgimiento del pop británico. Con influencias del glam rock y el punk, nació este nuevo movimiento, llamado britpop, que dio un nuevo valor a estos músicos ingleses, orgullosos de posar con su enorme bandera, que lanzaban canciones poderosas con guitarras atronadoras y estribillos pegajosos que se coreaban en los grandes estadios. De entre ellos quizá sean estos cuatro los que marcaron esta tendencia: Suede, Blur, Pulp y Oasis.

Nos centraremos en Oasis, que, liderado por los conflictivos *hooligans* Liam y Noel Gallagher, publicó el álbum *What's The Story (Morning Glory)* e hizo historia en la música inglesa. De todos los himnos que contiene el disco, quizás el más reconocido sea «Wonderwall»; dicho título fue un tributo a la banda sonora del film de mismo nombre perpetrada por el beatle George Harrison en 1968. Bien sabido es que los Gallagher son fanáticos de los cuatro de Liverpool y a través de su discografía podemos encontrar varias referencias a sus integrantes.

«Wonderwall» fue escrita por Noel Gallagher y dedicada a su entonces novia Meg Matthews, aunque después de su ruptura él negó toda la historia, diciendo que fue un invento de la prensa y que realmente estaba inspirada en un amigo imaginario que tuvo cuando era pequeño, que acudía a salvarlo cuando se encontraba en problemas. «Wonderwall» ha sido elegida como la mejor canción de las últimas dos décadas según un estudio realizado por varias estaciones de radio británicas. La canción en un principio debía ser cantada por el propio

pio Noel, pero se la cedió a su hermano y él cantó la no menos mítica «Don't Look Back In Anger».

Los éxitos musicales de estos dos malotes de Manchester iban a la par con sus polémicas fuera del escenario cuando iniciaron una guerra contra los integrantes del otro grupo representativo de la época, los Blur. Entre ellos hubo discusiones, insultos en entregas de premios y quizá se llegó a las manos en el *backstage*. Esta rivalidad también se sintió en lo musical, ya que si los Oasis lanzaban un sencillo al mercado, Blur adelantaba el suyo para que salieran el mismo día, creando tensión en los *charts*. Si queréis reír un rato, buscad en internet los insultos dirigidos por Oasis a diferentes personalidades dentro o fuera del circuito musical, desde Robbie Williams, al que se referían como «el bailarín gordo de los Take That», a Thom Yorke, cantante de Radiohead, del que dijeron

dijeron que era un «jodido enano estrábico». Se podría editar un libro entero de ofensas profesadas por Oasis al resto del mundo.

Este odio irradiado a la industria, también orbitaba sobre ellos mismos, ya que los hermanos se llevaban a matar, cancelando conciertos por alguna reyerta horas antes de salir al escenario o bien, en 2009, cuando sucedió la ruptura definitiva de Oasis. Ese día estaban entre bastidores preparándose para tocar en un concierto cuando Liam entró con la guitarra de Noel y la hizo pedazos, eso llevó a una pelea digna de un espectáculo de lucha libre que acabó con la cancelación de la gira y la posterior separación como grupo.

There are many things,	Hay muchas cosas,
that I would like to say to you,	que me gustaría decirte,
but I don't know how,	pero no sé cómo,
because maybe you're going to be	porque quizás vas a ser
the one that saves me,	quien me salve.
and after all you're my wonderwal.	y después de todo tú eres mi «wonderwall».

¿Por qué te inspira?

Aunque Noel compuso «Wonderwall» pensando en el amor que sentía por su mujer Meg Matthews, no tuvo muchos problemas para serle infiel durante una de sus giras, uno de los principales motivos por los que Meg le dio la patada. Y es que el problema de muchos es no saber guardarse el sexo dentro de los pantalones, ya que al mínimo flirteo se calientan las neuronas y se cometen las infidelidades, y es que si queréis tener una pareja estable, dejaos de rollos y sed fieles… y si la queréis dejar porque ya no funciona, primero cortáis y luego ya asaltáis las camas de otros pretendientes.

Daniel Domínguez

No intentes el salto en casa

I've Had The Time Of My Life

Bill Medley & Jennifer Warnes

Álbum: *Dirty Dancing Sountrack*
Año: 1987
Compositores: John DeNicola, Donald Markowitz y Franke Previte

A día de hoy todos somos conscientes del inmenso éxito que tuvo la película *Dirty Dancing*, de lo recordados que son sus bailes, sus canciones y sobre todo la pareja formada por Patrick Swayze y Jennifer Grey.

La dichosa canción en realidad fue un encargo de los productores para poner broche final al film y fue ofrecida al compositor Franke Previte, que no estaba muy convencido de trabajar en ella, pero después de miles de llamadas por parte del productor del film Jimmy Ienner, logró convencerlo solo con una frase: «Piensa que esta canción puede cambiar tu vida».

Además del Grammy y el Globo De Oro, el film ganó el Oscar a la mejor canción con «(I've Had) The Time Of My Life», interpretada por Bill Medley y Jennifer Warnes. Esta última ya venía de cantar «Up where we belong» con Joe *Carajillo* Cocker para otro film: *Oficial y caballero*. Pero vaya, lo que seguro no sabíais es una serie de curiosidades que leeréis a continuación.

Para empezar, que el mágico *feeling* que desprende la pareja protagonista a lo largo del film se quedaba en las escenas de rodaje, ya que fuera del escenario se odiaban a muerte, sentimiento que ya arrastraban de su anterior película juntos, *Amanecer rojo*, donde tuvieron alguna espectacular discusión en el set.

Cuando Grey se enteró de que el coprotagonista de *Dirty Dancing* iba a ser Swayze estuvo a punto de dejar a todos plantados. Aunque ya sabéis, lo que mal comienza…, en este caso acabó bien, ya que se dieron una oportunidad y al finalizar el film se llevaban a las mil maravillas. Años más tarde, cuando murió Swayze, Jennifer Grey le dedicó entre lágrimas un baile en un programa de televisión.

Otra razón por la cual el público estuvo a punto de no poder ver la película estrenada en cines es la mala recepción que tuvo en los pases previos, en los que el público la rechazó, por lo que ya estaba decidido lanzarla directamente en vídeo. Suerte que en el último momento se cambió de opinión.

Antes de tener un guión o algo parecido, nació la idea del film a partir de su título. La autora del guión, Eleonor Bergstein, en una conversación que mantuvo con la productora Linda Gottlieb, mencionó los bailes sensuales *(dirty dancing)* de su juventud, a lo que Gottlieb le contestó: «Ya lo tenemos, será una película de bailes latinos».

Aunque estaba ambientada en verano, las escenas se grabaron en otoño, lo cual acarreó algunos problemas. En la escena del bosque tuvieron que pintar con aerosol las hojas de color marrón puesto que tenían que ser completamente verdes. Otro de los percances del tiempo se dio en la escena del lago. Aunque parece que los dos protagonistas están tan felices retozando dentro del agua, realmente esta estaba a 4 grados y el tiempo que podían permanecer dentro era mínimo. Si os fijáis no se muestran primeros planos, ya que los actores tenían los labios lilas debido a las bajas temperaturas.

Otra anécdota curiosa de la filmación reside en la famosa frase que pronunciaba Patrick Swayze: «No permitiré que nadie te arrincone». Resulta que cuando el actor leyó el guión, la frase le pareció deleznable, de modo que hizo lo posible durante todo el rodaje para no tener que mencionarla. Pero en el momento de rodar la escena le encontró el sentido que no había pillado al leer el guión y la dijo tal y como estaba escrita, dejando esta perla en la memoria de todos los fans del film.

Y para terminar, la más especial, la de la escena del baile y de cómo Patrick coge en el aire a Jennifer Grey. Resulta que a la actriz le producía pánico la aparatosa escena y no se atrevía a ejecutarla pensando en todo lo mal que podía salir, por lo que no ensayó, solo se rodó una vez de un tirón y esa es la que todos podéis ver en el film. En entrevistas posteriores, la actriz señaló que le parecía una locura que mucha gente tratara de imitar el salto. No seáis insensatos y recordad que el cine es ficción, dejad de hacer el tonto porque os romperéis la crisma.

I've had the time of my life, no I never felt this way before. Yes, I swear it's the truth And I owe it all to you.	He tenido el mejor momento de mi vida, no, nunca me había sentido así antes. Sí, juro que es la verdad y te lo debo todo a ti.

¿Por qué te inspira?

El mundo del cine está lleno de malotes como el Johnny Castle de *Dirty Dancing*. Tipos rudos, pero con un pequeño toque romántico que vuelven locas a las chicas. Aunque no todos están cortados por el mismo patrón, tienden a compartir rasgos característicos. Por ejemplo, Hache de *Tres metros sobre el cielo*, interpretado por Mario Casas: ¿cuántas de vosotras suspiráis cada vez que lo veis en pantalla? Pero ¿qué tiene el personaje? Es irracional, se juega la vida en absurdas carreras ilegales de motos, busca pelea al mínimo roce y puede ponerte los cuernos al primer calentón. Pero ese toque de rebeldía y *macarrismo,* además de estar como un queso, hace que el personaje gane un atractivo especial.

También tenemos a vuestro motero favorito Jax Teller de la serie *Hijos de la anarquía*, interpretado por Charlie Hunnam, un personaje que está metido en contrabando de armas y guerras entre bandas, pero al que se le perdonan todos estos pecados cuando tiene en brazos a su hijo Abel.

Ya para terminar, mencionar al señor Grey, Jamie Dorman, que fue el último que llevó a las chicas (y a algún chico) en masa al cine para que observaran sus malas artes con las esposas y las bridas. Pero es que no hay que olvidar que este muchacho, además de estar buenorro (con ese torso esculpido durante horas en el gimnasio), es todo un empresario exitoso. Así que ya sabéis chicos del mundo, revisad esos patrones y sacad a ese malote… Pero eso sí, con matices, la violencia nunca ha de traspasar la pantalla del cine.

Empujón de energía

Everybody Needs Somebody To Love

Solomon Burke / The Blues Brothers

Álbum: *Blues Brothers Music From Soundtrack*
Año: 1964 / 1980
Compositores: Jerry Wexler, Bert Berns y
Solomon Burke

Si a alguien le nombramos «Everybody Needs Somebody To Love» lo más seguro es que nos mencione a los Blues Brothers. Esto, de algún modo sería correcto, ya que ellos fueron los que sacaron la canción del baúl de los recuerdos, pero lo que no sabe todo el mundo es quién la creó.

Solomon Burke era un gigante, y no solamente en lo que a la música soul se refiere, porque pesaba casi 200 kilos, con lo que puedes hacerte una idea de lo que sería tenerlo encima. De joven, como muchos afroamericanos, dio sus primeros pasos en una iglesia, ejerciendo de pastor e impartiendo enseñanzas evangélicas. Empezó impartiendo sermones para poco después despuntar en el coro de gospel; eso propició su entrada en la radio, con un programa a su medida (obviad los chistes fáciles), donde predicaba y cantaba para sus seguidores. Al morir su abuela entró en una profunda depresión y decidió grabar una de las canciones que interpretaba para ella en la iglesia, estamos hablando de «Everybody Needs Somebody To Love».

Después de pasar por varias casas discográficas, y aunque al principio los productores no quisieron que esa canción formara parte de un disco, le dieron la oportunidad de grabarla si cedía parte de los derechos. Solomon, como lo único que quería era rendir tributo a su difunta abuela, accedió al trato y en la autoría de la canción junto a su nombre aparecen los de los produc-

tores. Al principio no fue un éxito total, pero con los años empezó a ser conocida y llegó a ser versionada tanto por los Stones como por Wilson Pickett.

Solomon maldijo haber firmado ese contrato de regalías, ya que dos personas que no habían participado para nada en la canción estaban recibiendo jugosos cheques a partir de los derechos de autor.

A partir de aquí podemos hablar ya de los Blues Brothers, que nacieron gracias a leyendas del soul como Solomon. Todo vino de una broma, un *sketch* para el famoso programa Saturday Night Live, del que Dan Aykroyd (el gordito de los Cazafantasmas) y John Belushi formaban parte. En uno de los episodios salieron cantando antiguos temas de música negra y el público se volvió loco. Ese fue el despegue de los Blues Brothers... o sea de Jake y Elwood Blues (Belushi y Aykroyd), primero como banda y luego como film, que contaba las locas aventuras de estos dos «hermanos» que buscaban la redención de sus pecados reuniendo dinero para salvar la iglesia del barrio. La película, con una parte de musical, contaba con la presencia de la *creme* del soul y rythm & blues, como Ray Charles, Aretha Franklin y James Brown, que cantaron alguno de sus clásicos junto a los Blues Brothers, creando así una banda sonora que rindió tributo a una época y devolviendo a la primera línea musical a grandes artistas de los cincuenta y sesenta.

En el papel de Jake Blues, teníamos a John Belushi, un cabra loca que en sus treinta y tres años de vida puso del revés todo por donde pasaba, su ritmo de vida era tan frenético que consumía ingentes cantidades de cocaína que harían sonrojar a Tony Montana. Con sus vivencias se podría hacer un libro entero, y es que su desenfrenada vida se veía reflejada en los personajes que interpretaba, tipos que iban contra las normas, pasotas y vividores. Su última gran juerga se la pegó con otros dos pajarracos, Robert de Niro y Robin Williams. Estuvieron bebiendo y drogándose «all night long», luego Belushi fue hasta un hotel de Los Ángeles y siguió la juerga a su manera, pero su cuerpo dijo basta, y murió a la edad de Jesucristo como consecuencia de una sobredosis. Aunque llevaba años rozando el límite, aquella noche se pasó de la raya... y nunca mejor dicho.

Everybody needs somebody, everybody needs somebody to love, sweetheart to miss, sugar to kiss, I need you, you, you I need you, you, you.	Todo el mundo necesita a alguien, todo el mundo necesita alguien a quien amar, amor a perder, azúcar a besar, te necesito, a ti, a ti te necesito, a ti, a ti.

¿Por qué te inspira?

Tal y como nos dice la canción, todos necesitamos a alguien a quien amar, a quien cuidar, a quien quitar las legañas al despertar, un alguien especial al que no haga falta decir palabra alguna para que nos comprenda, que acepte todas esas manías raras que tenemos, que nos ofrezca un cálido abrazo tras un duro día aguantando capulladas, que consiga hacernos sonreír cuando estamos *out*; alguien con quien descubrir parajes inhóspitos y compartir mil y una aventuras, que a la vez sea un buen amigo y mejor amante, que con un buenos días alegre cualquier maldito lunes, que te dé ese empujón de energía necesario cuando un trabajo no te sale. En definitiva, alguien con quien puedas imaginar compartiendo un futuro lejano y arrugado.

I'm A Believer

The Monkees

Álbum: *More Of The Monkees*
Año: 1966
Compositor: Neil Diamond

A mediados de los sesenta, en pleno reinado de los Beatles, los jefazos de las grandes multinacionales estadounidenses (esos que fuman largos puros) se estaban preguntando por qué no tenían ellos una gallina de los huevos de oro como los británicos. Ante tamaña preocupación, pusieron a pensar a sus esbirros y conectaron la maquinaria para poder hacer dinero a espuertas.

La idea era simple. Después de ver el éxito de los Beatles en su film *A Hard Day's Night,* llegaron a la conclusión que necesitaban un grupo de jóvenes que fueran frescos, alegres y, claro está, guapos. El segundo paso sería crear una serie de televisión en la que poner a esos chicos, a los que les pasaran mil aventuras y cantaran alguna canción, lo que sería la verdadera razón del programa, promocionar *hits* para poder luego ser vendidos y con ellos crear toneladas de *merchandising* para los numerosos fans. A partir de ahí se hizo un *casting* al que acudieron más de quinientas personas, entre ellos algún que otro futuro gran músico, como Stephen Stills. Los productores de dicho *show*, Bob Rafelson y Bert Schneider, lo tenían claro, nada de músicos, solo chicos de buen ver y que pudieran cantar mínimamente bien las canciones que les propusieran, todas ellas a cargo de compositores de altura, como Carole King o Neil Diamond.

El resultado del *casting* fueron los cuatro *yogurines* Davy Jones, Michael Nesmith (el único que sabía algo de música), Peter Tork y Micky Dolenz. Ya tenían listos a los Monkees. En cuanto la serie empezó a emitirse, los Monkees se hicieron absurdamente famosos y, gracias a sus guiones desenfadados, estos chicos se convirtieron en los yernos perfectos que toda madre de América desearía (y especialmente las hijas de estas). Tenían tanto éxito que un tal David Jones, llamado como el cantante del grupo, decidió cambiar su nombre por el de David Bowie.

Estados Unidos ya tenía su banda juvenil prefabricada, podían estar orgullosos de competir con la Beatlemanía… Pero ¿qué podría salir mal? Esos chicos que en un principio aceptaban todo lo que los directores y productores musicales les pedían, empezaron a considerar un problema la poca libertad que tenían sobre su propia imagen, querían ir en contra del sistema preestablecido, no se conformaban con ser una banda prefabricada y entonar alegremente las composiciones de otros. Durante la primera temporada habían aprendido a tocar los instrumentos (de forma un tanto *amateur*) y se rebelaron contra la mano que los había creado, aunque en cierto modo la jugada les salió bien, ya que en un vuelco de los acontecimientos, los responsables de la NBC decidieron despedir al productor musical Don Kirshner y dar carta blanca a los Monkees para crear ellos mismos sus canciones.

Pero todas las cosas bonitas tienen su fin y resulta que en pleno apogeo pop, sus rivales británicos, los Beatles, lanzaron el álbum que cambió la historia de la música hasta ahora conocida, el *Sgt. Peppers*. Y el alegre sonido de los Monkees quedó anticuado ante un nuevo formato de música con un mensaje diferente, más maduro quizá. Cuando acabó la segunda temporada de su *show*, no hubo renovación y los Monkees dieron el salto a los conciertos en vivo, por los que se moverían durante los años siguientes, hasta separarse y dedicarse cada uno a sus cosas, con las nostálgicas reuniones de sus miembros efectuadas a lo largo de los años. La canción «I'm A Believer», quizá su éxito más sonado, en realidad había sido creada y cantada anteriormente por Neil Diamond (que tiempo después estuvo ligado a la creación de canciones para la serie de los Monkees). Pasados unos años seguro que os volvió a sonar, esta vez en boca del asno de Shrek, a partir de un *cover* de otra banda que desapareció del día a la noche, Smash Mouth (All Star).

| Not a trace of doubt in my mind, I'm in love, I'm a believer, I couldn't leave her if I tried. | No hay rastro de duda en mis pensamientos, estoy enamorado, soy un creyente, no podría dejarla aunque lo intentara. |

Daniel Domínguez

¿Por qué te inspira?

A ver, defraudado lector, a veces vivimos experiencias amorosas que naufragan y acaban en fracaso. Entonces, cabizbajos y cabreados solemos decirnos que no volveremos a caer en ese error, ya nunca nos enamoraremos de nuevo para no sufrir ningún daño. Las expectativas con las que afrontamos el antiguo romance eran altísimas y esa persona no supo o no pudo lograr mantener esa balanza que armoniza el amor. Entonces navegamos entre penumbras maldiciendo el habernos entregado en cuerpo y alma una vez más a la persona equivocada, hasta que aparece ese ser, la persona que te hace volver a creer, el *subidón* de fe que te hace ver de nuevo con claridad, un halo de confort te rodea, ya nada esta turbio en tus pensamientos, has curado tus heridas o al menos les has puesto un parche, puedes gritar aleluya a los cuatro vientos, porque sin duda alguna… vuelves a estar estúpidamente enamorado

Amor juvenil

You're Beautiful

James Blunt

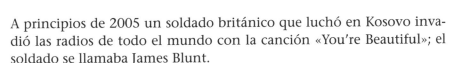

Álbum: *Back To Bedlam*
Año: 2005
Compositores: James Blunt, Sacha Skarbek y
Amanda Ghost

A principios de 2005 un soldado británico que luchó en Kosovo invadió las radios de todo el mundo con la canción «You're Beautiful»; el soldado se llamaba James Blunt.

La vida de James siempre estuvo ligada al ejército, ya que parte de su familia eran militares y era la típica profesión que pasaba de padres a hijos. Su adolescencia la pasó dentro de un tanque en pleno conflicto de los Balcanes; él mismo cuenta que llevaba la guitarra colgada de un cordel en uno de los laterales del vehículo militar, y entre batalla y batalla componía canciones. Ahí mismo en Kosovo, cuando su papel de militar paso al de pacificador, se dio una situación peliaguda: su superior les dio la orden de desalojar el aeropuerto de Pristina, custodiado por soldados rusos. James sabía que si entraban a por los rusos eso acabaría en un conflicto de una magnitud tal que podría ser el principio de la Tercera Guerra Mundial. Desobedecieron las órdenes directas del superior a sabiendas que tendrían un juicio militar, pero eso no le preocupaba, y unos días después, cuando los rusos se quedaron sin alimentos ni agua, prefirieron compartir el aeropuerto con los ingleses. Años más tarde y lejos de conflictos bélicos, volvió a casa con una maqueta bajo el brazo y consiguió un contrato discográfico del cual nació su primer álbum, *Back To Bedlam,* que incluye «You're Beautiful».

La historia de la canción es más común de lo que pensamos. James Blunt tenía una novia de la que estaba profundamente enamorado, pero, dado que nada dura para siempre, la pareja cortó y se separaron. Blunt cogía el transporte público a diario, y en ocasiones coincidía con su ex; se miraban y se sonreían, hasta el fatídico día que él la vio acompañada de un chico que le cogía la mano. Al ver esa escena, Blunt, sintiendo una honda impotencia, supo que nunca más volvería a estar al lado de su ex. De algún modo, este desafortunado romance le dio la popularidad. También parte de este éxito fue su cruz durante unos años; la canción «You're beautiful» lo encasilló en el pop romántico empalagoso. Una de las anécdotas referentes a la fama fue la repetición masiva del *hit* en las radios del mundo, llegando a niveles odiosos. Hubo un momento en que las radios inglesas prohibieron su reproducción por las quejas de los usuarios, que querían un descanso de la voz de Blunt. Y es que en ocasiones es mejor no quemar tanto un éxito, porque puede pasar de encantarte a odiarlo. El cantante incluso pidió perdón por la canción y confirmó que este cansancio por parte de los oyentes se debió a que algún genio la puso como entradilla de un anuncio de la serie *Mujeres Desesperadas* para atraer al publico femenino; dicho clip era pasado constantemente en televisión, con lo que consiguió el hastío del 50% de la población.

Otro de los temas famosos del álbum, «Goodbye my lover», fue incluido en un estudio que lo puso en el primer lugar de la lista de canciones más demandadas para los funerales. Como anécdota, esta canción fue grabada en el baño de la mansión de Carrie Fisher, la princesa Leia de *Star Wars*.

En otra ocasión, cuando murió el abuelo de Blunt, su hermana tenía que viajar hasta Irlanda para el funeral pero las compañías aéreas estaban en huelga y le era imposible llegar a su destino. Blunt, conocedor del portal de subastas eBay, puso un anuncio donde subastaba a su hermana como «damisela en apuros». Las pujas no tardaron en aparecer y el ganador (no hace falta decir que era un tipo con pasta) disponía de un helicóptero privado y pudo llevarla al entierro a tiempo, concluyendo esta bonita historia en una posterior boda.

You're beautiful, you're beautiful,	Eres hermosa, eres hermosa,
You're beautiful, it's true,	eres hermosa, es cierto,
I saw your face in a crowded place,	vi tu rostro en un lugar abarrotado,
and I don't know what to do,	y no sé qué hacer,
because I'll never be with you.	porque nunca estaré contigo.

¿Por qué te inspira?

Al igual que le pasó al soldadito Blunt, también nosotros nos hemos encontrado en situaciones similares, de pasar de un periodo de amistad con el o la ex a enterarte que ya está con otra persona y en nuestra cabeza termina esa imagen idílica del «vamos a volver juntos», nacen miedos y temores del abandonado parecidos a «¿qué tiene que no tenga yo?» o «¿ya me ha olvidado?». Cuanto más grande es la necesidad de esa persona en nosotros más profunda será la frustración por la pérdida. Búscate tu propia vida y sé feliz con nuevas aventuras. Olvida el luto, no te encierres en ti mismo y en tus historias pasadas. En el momento en que aparezca esa otra persona que te haga tilín verás un nuevo resurgir del amor, un nuevo camino siempre hacia delante que hará que te olvides de decepcionantes pasados. Sal a pescar, que hay mucho género en las calles.

Vivir el momento

Baila y sé feliz

Stayin' Alive

Bee Gees

Álbum: *Saturday Night Fever*
Año: 1977
Compositores: Barry Gibb, Robin Gibb y Maurice Gibb

¿Os suena el nombre de Tony Manero?

Aquel personaje interpretado por John Travolta llenó las salas de cine en el 77 y expandió las fronteras de la ya famosa música disco.

A finales de los setenta la música disco tenía su público, jóvenes de clase obrera que esperaban ansiosos el fin de semana para dejar atrás la jornada laboral y vestir sus mejores galas para saltar a la pista de baile y demostrar sus habilidades.

Este movimiento cultural, aunque en crecimiento, no había llegado todavía a todos los públicos, lo que llevó a un astuto magnate de la música a comprar los derechos de un artículo publicado en la revista *New York Magazine* y a partir de él elaborar un guión que fuera llevado a una pantalla de cine e interpretado por el guaperas John Travolta.

Sería necesaria una buena banda sonora que plasmara ese movimiento y se contrató a los Bee Gees, que ya tenían una extensa carrera musical, para que trabajaran en el proyecto. Para ello entraron en el estudio y dieron vida a cinco canciones.

Una de ellas es la que nos interesa, «Stayin' Alive», que para su grabación incluyeron su ya conocido «falsete» y un ritmo de batería que grabado de una determinada manera fue clave para que el tema sonara con esa fuerza.

Se lanzó como single y sonaría en las escenas más míticas de la película; todo lo demás ya lo conocemos: *Saturday Night Fever* fue un tremendo éxito y su banda sonora se vendió como churros.

Como anécdota destacar que en los cursos de primeros auxilios, a modo de practica se reproduce «Stayin' Alive», ya que el ritmo que utiliza la canción es de 100 compresiones por minuto, el mismo que se necesita para hacer la reanimación cardiopulmonar; así que, ya sabéis, si alguna vez sufrís un ataque al corazón, recordad decir que os reanimen a ritmo de los Bee Gees.

> Life going nowhere,
> somebody help me,
> life going nowhere,
> somebody help me,
> staying alive.

♪ ♪ ♪

> La vida no va a ninguna parte,
> alguien que me ayude,
> la vida no va a ninguna parte,
> alguien que me ayude,
> me mantengo vivo.

¿Por qué te inspira?

Podría decir, sin equivocarme, que todo el mundo que ha escuchado en su casete, disco o MP3 «Stayin' Alive» sus pies se han ido adaptando a la música.

Si tienes el ritmo «in the body» y quieres emular al mítico Tony Manero, no te cortes, sal ahí, embútete en los pantalones de campana de algún antepasado tuyo, ponte la camisa floreada y peina tu pelo hacia atrás, comete la pista, no importa que no sepas bailar, solo con poner una mano en tu cadera y con la otra imitar a John Travolta en sus años mozos, serás el rey absoluto y todas las chicas se morirán por tus huesos; bueno, quizá no todas.

Daniel Domínguez

Born To Be Wild

Steppenwolf

Álbum: *Steppenwolf*
Año: 1968
Compositor: Mars Bonfire

¿Os suena una icónica imagen de dos moteros cabalgando a lomo de sus Harleys, uno vestido de *cowboy* y el otro con la bandera de Estados Unidos pintada en su casco?

Pues la canción «Born To Be Wild» está muy unida a esa representación, y es que en 1969 Dennis Hopper dirigió y protagonizó junto a Peter Fonda la *road movie Easy Rider*.

En ella se cuenta la historia de dos jóvenes hastiados del sistema americano del momento dañado por la brutalidad de la guerra en Vietnam, de las revueltas raciales..., que acabarían con el asesinato de Kennedy, Martin Luther King y la guerra fría con los misiles preparados para una hecatombe nuclear. Por otro lado, nacía otro tipo de cultura, la relacionada con el *hippismo* y la preocupación por el medio ambiente, tiempos de experimentación y amor libre. En ese viaje hacia la libertad y la busca de su ser se encuentran nuestros protagonistas, que organizan un trayecto a lo largo y ancho de Estados Unidos para llegar a Nueva Orleans, cruzándose con todo tipo de esperpénticos personajes y viviendo experiencias bañadas en ácido.

El film costó cuatro duros y recaudó veinte veces más, entrando en el *Hall Of Fame* de las películas de culto y convirtiendo su canción principal en todo un himno de la rebeldía y la búsqueda de la libertad.

Hablando del grupo, Steppenwolf está liderado por John Kay, que tuvo una infancia movida al nacer en plena Segunda Guerra Mundial, por lo que su madre se lo llevó y escaparon de las tropas soviéticas que estaban ganando camino. Con el fin de encontrar un lugar estable en el que iniciar una nueva vida, se asentaron en Canadá, donde el pequeño Kay le cogió el gusto al rock & roll. Kay siempre ha utilizado gafas de sol, sea de día o de noche, debido a una enfermedad ocular que, entre otras, cosas le impide ver en color; así pues, su visión es completamente en blanco y negro.

En 1965 se une a una banda llamada The Sparrows, con los que consigue un contrato discográfico con el sello Dunhill. Ahí les recomiendan dos cosas: un cambio de nombre y que den más caña a ese sonido.

Para el nombre, se basaron en una famosa obra de la literatura, alemana *El lobo estepario*, de Hermann Hesse. En cuanto al sonido, sin duda salieron ganando, pues fueron reconocidos como los primeros, junto con The Kinks y su «You Really Got Me», en conseguir ese efecto más «duro». En ese sentido, cabe destacar como curiosidad que el término musical *heavy metal* nace de uno de los versos de la canción, o eso dicen.

John Kay, líder de la banda Steppenwolf.

Because you're a true nature's child, we were born, born to be wild, we can climb so high, I never want to die, born to be wild.	Porque eres una verdadero hijo de la naturaleza, nosotros nacemos, nacemos para vivir salvajes, podemos escalar tan alto, no quiero morir nunca, nacido para vivir salvaje.

¿Por qué te inspira?

Estimado lector, si estás harto de las largas colas para entrar y salir de tu ciudad, de los infinitos semáforos (que se ponen en rojo uno tras otro solo para fastidiarte), de los peatones suicidas que cruzan sin mirar, de las bicicletas que cambian de carril bruscamente provocando frenadas indeseadas, de la polución (que en ocasiones es tan densa que tienes la sensación de ir apartándola con tu vehículo), de gente y más gente, del ruido, de ambulancias, taxis, autobuses, etc. Si crees no poder más, y que tu nivel de estrés te está pasando factura, te recomiendo encarecidamente que agarres la chupa de cuero, subas a tu moto, llenes el depósito hasta que no quepa una gota más, pongas «Born To Be Wild» y salgas disparado de esta locura de ciudad. Pon rumbo a la autopista más cercana, deja tu melena al viento (calvos abstenerse) y vive el momento, siéntete libre como un pajarillo y nota el aire fresco acariciando tu rostro; eso sí, intenta tragar el mínimo de insectos kamikazes que se crucen en tu camino. Quema el neumático y deja tu imprenta en el asfalto, muestra esa señal de rebeldía que bombea en tu corazón... Pero no te pases de cafre y ponte el casco, que esto no es una película. ¡Aquí las multas son de órdago y si te pegas un leñazo no lo vas a contar!

My Generation
The Who

Álbum: *The Who Sings My Generation*
Año: 1965
Compositor: Pete Townshend

1965 era un año dominado por los Beatles, la juventud adoraba las canciones de los cuatro de Liverpool, pero en otra parte de Londres las cosas estaban cambiando, nuevas bandas se erigían con un nuevo sonido, alejándose de las canciones de amor para tratar temas con más carga social. Su público se repartía entre dos grupos, *rockers* y *mods*.

Los primeros, fans de Elvis, peinaban *tupés* y largas patillas, ataviados con chaquetas de cuero y amantes de las motos, especialmente de la marca Harley. Su némesis eran los *mods,* vestidos con trajes horteras de colores y conduciendo sus Vespas, adornadas con varios quilos de espejos. Ellos eran la generación *mod*, jóvenes hastiados por el pasado de su país y con serias dudas de lo que les depararía el futuro. Sus máximos representantes musicales fueron los Who, de los cuales la canción «My Generation» se convirtió en el himno de rebeldía y grito enfurecido.

Según cuentan, a Pete Townshend, principal compositor y guitarrista de la banda, le vino la inspiración para crear la canción a partir de un incidente con la reina de Inglaterra, que hizo retirar el coche de Pete (el automóvil funerario Packard) porque le molestó su presencia al pasar ella por la vía pública.

Un detalle curioso de la canción se refiere al tartamudeo al finalizar ciertas estrofas por parte de Roger Daltrey. Algunos hablaron de ello como una especie de parodia sobre el modo de vida *mod*, especialmente en lo relacionado con el consumo de anfetaminas por parte de sus seguidores. Otros lo interpretaron como una forma de poder cambiar alguna frase e incluir un *fuck off* («que os jodan») camuflado. Pero historias aparte, la realidad es que en el momento de grabar la canción en el estudio, al pobre Roger no se le acoplaba bien el audio, con lo que no podía seguir el fraseo; a los demás integrantes les pareció gracioso y así quedó en la grabación final.

A «My Generation» también se le puede reconocer el mérito de tener el primer solo de bajo registrado. El espíritu de rebeldía de los *mods* se mostraba en cada actuación de los Who, donde la rabia escénica era común, destrozando los instrumentos al finalizar el *show*. Una violen-

Pete Townshend, principal compositor y guitarrista de The Who.

cia que también mostraban en los hoteles donde se alojaban, siendo vetados de por vida, por ejemplo, en la cadena Holiday Inn. Dentro del grupo se encontraba la que se podría considerar la persona más loca de la historia del rock, el baterista Keith Moon, personaje único y autodestructivo cuyas correrías darían para varios volúmenes, algunas del calibre de ir disfrazado de Hitler a los pubs, aparcar lujosos automóviles en la piscina o incluso poner explosivos dentro de la batería y hacerlos detonar en directo, dejando sordo de un oído de por vida a su compañero Pete Townshend.

Keith hizo honor al verso «espero morir antes de envejecer» de «My Generation», ya que en una de sus locas noches consumió 32 pastillas para tratar su alcoholismo y murió.

People try to put us down, -talking about my generation- just because we get around, -talking about my generation- things they do look awful cold, -talking about my generation-.	La gente trata de menospreciarnos, -hablando de mi generación- simplemente porque vamos donde queremos, -hablando de mi generación- las cosas que hacen parecen horriblemente frías, -hablando de mi generación-.

¿Por qué te inspira?

Si eres nacido en los ochenta es un buen momento para recordar esas cosas que hacíamos cuando éramos adolescentes y que han quedado tan lejos ahora. Ahora abrimos Spotify y tenemos toda la música a nuestro alcance, pero antes debíamos comprar casetes (sí, antes del CD existía este invento); solíamos grabar las canciones directamente de la radio (incluyendo anuncios y al maldito locutor, que siempre hablaba casi al terminar la canción) y con ellas hacíamos nuestros propios mix, que escuchábamos hasta odiarlos. Llenábamos la pared con pósters de nuestras bandas favoritas y las chicas con algún guaperas de *Sensación de vivir* o similar. ¿Recordáis los *nicks* infinitos que os poníais en el Messenger? Siempre unidos a una frase motivacional para parecer más interesantes. Y cómo olvidar el conectarse y desconectarse para llamar la atención de esa persona que os gustaba. Con una cámara desechable nos pasábamos el día haciendo fotos, pero hasta que no las habíamos revelado no podíamos comprobar cómo habían quedado. Al no tener Whatsapp, hablábamos horas y horas por teléfono, aunque en realidad no dijéramos nada y nuestras conversaciones fueran intrascendentes. Nos invade la nostalgia cuando recordamos esos tiempos donde no teníamos más preocupaciones que ir al instituto y quedar con los amigos.

En la foto, Pete Townshend.

Daniel Domínguez

¡Carpe diem!

Forever Young
Alphaville

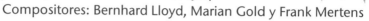

Álbum: *Forever Young*
Año: 1984
Compositores: Bernhard Lloyd, Marian Gold y Frank Mertens

«Juventud, divino tesoro», qué mejor manera para empezar la historia de esta canción que este dicho, que refleja perfectamente el «Forever Young» de los alemanes Alphaville.

Para ello, como siempre tendremos que hacer un viaje mental al pasado, esta vez concretamente a 1984. Por esos años el sonido que mandaba era el del *synthpop,* una especie de antesala del tecno en el que predominaban los instrumentos electrónicos, como los sintetizadores, que fueron dados a conocer por los alemanes Kraftwerk, posiblemente auténticos padres de todo el movimiento.

Una vez situados en el ambiente, debemos conocer a un grupo fuertemente influido por el estilo de sus camaradas alemanes, los Alphaville, que entraron con muy bien pie en el negocio musical con su álbum debut, que incluía dos auténticos pelotazos, uno de ellos es «Big In Japan», y el otro, del que intentaremos exprimir toda su historia, es «Forever Young», es decir, «Joven por siempre».

A partir de una primera lectura, sin profundizar demasiado en el contenido, podemos interpretarla como un canto romántico a la juventud y a vivir al máximo el día a día, pero como, en muchos casos, las canciones esconden mensajes, algunos de ellos relacionados con las vivencias de los integrantes del grupo o con la situación por la que pasa un país o nación en ese momento. En este caso el problema era más bien un problemón, y es que las cosas en la Alemania dividida de 1984 no estaban como para tirar cohetes y casi mejor que no lo hicieran porque nos hubieran mandado fuera de nuestra órbita. Las fuertes tensiones que se vivían entre los americanos y los rusos tenían en vilo a la sociedad. En el

mundo artístico, este miedo se veía reflejado en las canciones, como algunas de los Scorpions o de los Alphaville, que estaban en el epicentro del problema, con el miedo a que los gobiernos se calentaran en exceso, se pusieran nerviosos y pulsaran el botón rojo que lanzaría el pepino atómico mandándonos a todos a dormir el sueño de los justos.

Para su interés y nuestra suerte las cosas se calmaron no sin antes dejarnos a todos acojonados y temerosos por una nueva guerra mundial cuando aún no nos habíamos repuesto de la anterior.

De los Alphaville poco más podemos decir, ya que después de un exitoso segundo disco, algunos de sus miembros partieron hacia caminos en solitario, quizá por no saber gestionar el éxito inicial del grupo, teniendo actualmente como único miembro del conjunto original a su cantante.

Forever young, I want to be forever young, Do you really want to live forever, forever and ever? Forever young, I want to be forever young.	Por siempre joven, quiero ser siempre joven, ¿de verdad que quieres vivir para siempre, siempre jamás? Por siempre joven, quiero ser siempre joven.

¿Por qué te inspira?

El mensaje de buen rollo dentro de la canción es potencialmente positivo, más cuando la situación que vivían al final «podía acabar pasando», pero mientras no ocurría la hecatombe qué mejor que vivir esos días al máximo; lo que llamaríamos «carpe diem». Qué mejor consejo que el dado por Serrat en su canción «Hoy puede ser un gran día». Y es que cada día cuenta, se ha de vivir sacándole el mayor provecho posible a la vida para sentirte plenamente satisfecho. Tú eres el que diriges el rumbo de la jornada, que no te pueda la holgazanería, dale vida a tus proyectos. La felicidad puede significar muchas cosas, podemos ser felices con una persona a la que amar, o bien, si somos unos tiquismiquis perfeccionistas, con un trabajo realizado correctamente; otros, con un fondo más ONG, la encuentran ayudando desinteresadamente a los demás. Sea cual fuere tu motivo, exprímelo hasta la última gota. Pero, ¿qué hacer con las cosas negativas que impiden conseguir tus propósitos? Lo mejor es que las metas en el cajón de «me importa un carajo», sigue tu camino hacia la felicidad y rodearte de peña con la que te lo pases bien, date momentos de relax, ríe, escucha música, lee, aprende algo nuevo y celebra con una buena copa el resultado de tus logros. Piensa que vida solo hay una: ¡llénala con todos estos momentos!

Daniel Domínguez

Oh Pretty Woman

Roy Orbison

Álbum: *Orbisongs*
Año: 1965
Compositores: Roy Orbison y Bill Dees

Pretty Woman es la *peli* más vista en la televisión, me puedo jugar un gallifante a que si la ponen un perezoso domingo por la tarde... ¡os la tragáis! Aunque voy a destrozar vuestra nostalgia.

Pretty Woman a punto estuvo de no ser la película amable que todos recordáis. En un primitivo guión, la novia de América, también conocida como Julia Roberts, iba a interpretar el papel de una prostituta bastante menos agradable, siendo una *yonki* a la que le faltaban dientes y mucho más malhablada. El *gentleman* budista Richard Gere tenía un papel bastante diferente, en el primer borrador también era un tío guapo (aquí no podían hacer nada) pero sí que era un cabroncete machista que iba a utilizar a la protagonista durante su fin de semana de negocios para dejarla tirada como una colilla al finalizar el film. Pero afortunadamente para las empresas de Kleneex el guión acabó al fin en manos de Touchstone Pictures, que era propiedad de Disney, decidiendo los managers de Mickey Mouse que le meterían azúcar en vena a la película hasta volverla diabética, y así, después de varias reescrituras de guión para eliminarle el lado *dark*, nació el producto con final feliz que todos conocéis.

El título también iba a ser diferente, ya que al principio se titulaba simplemente *3000$*, o sea, lo que cobraba nuestra prostituta favorita, pero pensaron que algún espectador no entendería el significado, por lo que tiraron del cajón de los recuerdos y dieron con el título ideal, «Pretty Woman», un tema del cantante Roy Orbison lanzado al mercado en 1965.

Dicha canción también tiene su divertida historia. Resulta que estaba Roy en casa de su novia Claudette con su amigo y coescritor de letras Bill Dees, cuando esta apareció por la escalera y les dijo que se iba de compras. En ese momento, Roy le preguntó a Claudette si necesitaba dinero, cuando su amigo Bill le contestó «Pretty woman never needs any money», algo así como que una mujer bonita nunca necesita dinero.

Gracias a esta frase, Roy empezó a sacar la melodía con Bill, y antes de que la mujer volviera de compras, ellos ya tenían lista la canción. En una semana la grabaron y otra semana después ya estaba sonando en la radio. Fue una grabación en tiempo récord.

La estética de Roy Orbison era similar a la de su amigo Johnny Cash, vistiendo de riguroso negro. Pero había un detalle que mucha gente quizá desconoce. Roy llevaba siempre gafas de sol negras, por lo que algunos intuyeron que era ciego. Y bien, tampoco es que el señor tuviera una vista de águila, ya que padecía estrabismo, hipermetropía y otras enfermedades oculares con nombres difíciles de escribir, pero lo de las gafas le viene fruto de su despistada cabeza, ya que en un concierto olvidó sus gafas graduadas en el avión y tuvo que utilizar las de sol para salir al escenario; al público le debió de parecer *cool*, por lo que fue en ese momento cuando se creó la imagen icónica con la que siempre le recordaremos.

Por desgracia, Roy nunca pudo gozar del éxito producido por su canción en la película, ya que en 1988 un ataque al corazón nos arrebató a este peculiar artista. Como curiosidad para los fans de los cómics, decir que Stan Lee y Steve Ditko se inspiraron en la apariencia de Roy Orbison para dar vida al Doctor Octopus, archienemigo de Spiderman.

Pretty woman, walking down the street, pretty woman, the kind I like to meet, pretty woman, I don't believe you, You're not the truth, no one could look as good as you.	Mujer hermosa, bajas caminando por la calle, mujer hermosa, de la clase que me gusta conocer, mujer hermosa, no te creo, no eres verdad, nadie puede verse tan bien como tú.

¿Por qué te inspira?

Daniel Domínguez

Amigo lector, te mando unos sabios consejos para cuando acompañes a tu novia o amiga de compras. Regla número uno, cuando te digan que no van a tardar nada, están mintiendo como bellacas u ocultándote la verdad; si aceptas ir de compras con ellas, asume de antemano que la tarde está perdida, no hagas planes secundarios, una salida de compras puede durar entre tres horas y el fin del mundo. Ir de compras con una chica es como ir a una discoteca, la música tecno pasada de decibelios a las cuatro de la tarde no incita a bailar, solo tienes ganas de salir corriendo. Tampoco hace falta que te apuntes a ningún gimnasio, una tarde de compras con una mujer hará crecer tus bíceps sin necesidad de hincharte a proteína; te asombrarás del número de bolsas que caben en tus manos, serás un perchero andante. Pero no debemos tener en cuenta el comportamiento de una chica mientras está de compras; piensa que una buena tarde de compras las pone de buen humor, ¿y qué mejor que ver a una chica con una sonrisa de oreja a oreja?

Libre

Nino Bravo

Álbum: *Mi Tierra*
Año: 1972
Compositores: Jose Luis Armenteros y
Pablo Herreros

Vivir el momento

Muchos de vosotros habéis escuchado el tema «Libre», interpretado tanto por Nino Bravo como por aquel *revival* sesentero que era El Chaval de la Peca, pero vaya, es posible que no todos conozcáis la triste historia que hay tras la canción.

José Luis Armenteros y Pablo Herreros son los compositores de esta pieza y se basaron en un suceso ocurrido en la Alemania dividida. La ofrecieron a Nino Bravo para que la cantara con su poderosa voz.

Para desgranarla como es debido hay que trasladarse al Berlín de 1962; Alemania llevaba un año separada por el llamado «muro de la vergüenza», muchas familias querían acceder al lado oeste, el dominado por los aliados (América, Francia, Inglaterra). De entre todas esas personas que buscaban una vida mejor hallamos al protagonista de nuestra historia, el joven Peter Fechter, un obrero de dieciocho años (tiene casi veinte años y ya está cansado de soñar), que junto con su amigo Helmut idearon un plan para poder cruzar la pared separadora. La idea era refugiarse en un taller mecánico cercano al muro separador (tras la frontera estaba su hogar, su mundo y su ciudad). Una vez cerciorados de que no había soldados vigilando esa parte del terreno, salieron corriendo y treparon el primer muro de contención, el situado en la frontera soviética. Hasta aquí el plan había sido pan comido; Helmut logró saltar al otro lado y permanecer a salvo. Pero desgraciadamente para Peter, los soldados del lado soviético observaron la presencia de los *trepamuros*, dándoles el alto («marchaba tan feliz que no escuchó, la voz que le llamó») y dispararon sus armas contra él. Algunas de esas balas hicieron diana en el cuerpo de Peter, impactando en la pelvis y provocándole la caída. Su cuerpo fue a parar al muro intermedio que separaba ambos lados, o sea en tierra de nadie. Malherido, empezó a desangrarse («sobre su pecho carmesí, brotaban flores sin cesar»), no podía ponerse en pie, solo gritar y pedir ayuda al bando aliado. Lamentablemente los americanos no se atrevían a actuar por miedo a represalias del lado soviético, y se limitaron a lanzarle un pequeño botiquín. Tal acción fue absurda, ya que Peter no podía moverse, sus gritos de ayuda cada vez tenían menos fuerza y fue perdiendo la conciencia. Al cabo de un tiempo, los soldados aliados decidieron entrar a retirar el cuerpo de Peter; nada podían hacer por él, había fallecido agonizando durante horas mientras ambos bandos tenían el dedo puesto en el gatillo de sus armas, temerosos por saber quién abriría fuego primero. Una vez finalizado el suceso, habitantes de ambos lados gritaron «asesinos, asesinos».

Muchos fueron los que murieron al intentar cruzar el muro, pero Peter fue el primero, convirtiéndose en mártir, aunque también en un aviso. A partir de ese momento los alemanes entendieron que los soviéticos iban en serio: quien tuviera la idea de salir de ahí, sabía que

Soldado recogiendo el cuerpo de Peter Fechter.

podía entrar en Berlín Oeste con las piernas por delante. Años después, cuando el muro fue derribado, se alzó un monumento dedicado a Peter Fechter. Cuando todos pensaban que tras el fin de una absurda guerra mundial la humanidad evolucionaría hacia la cooperación y el entendimiento, se abrió un nuevo capítulo de estupidez y brutalidad. La pregunta es: ¿cuántos más deben ocurrir?

Libre,
como el sol cuando amanece,
yo soy libre, como el mar,
como el ave que escapó de su prisión
y puede, al fin volar,
como el viento que recoge mi lamento
y mi pesar,
camino sin cesar,
detrás de la verdad
y sabré lo que es al fin la libertad.

♪ ♪ ♪

¿Por qué te inspira?

¿Cómo podemos ser emocionalmente libres? El primer paso será tomar las riendas de nuestras propias decisiones, que nada ni nadie nos quiera decir que hemos de hacer con nuestros pensamientos; tampoco te quedes parado como una estatua de cera, has de ser proactivo, aceptando de antemano que todas esas decisiones tendrán una resolución. Agarra una libreta y ponte a escribir, apunta en ella todas las cosas de las que te quieras deshacer o creas que te frenan como un ancla, a partir de lo escrito decide qué cosas quieres mantener y cuáles vas a enviar al infierno. Otro paso será ir a tu armario y preguntarte si es ese el tipo de ropa que quieres vestir; mucha gente sigue la corriente simplemente por el que dirán los demás: ¡al carajo con eso! Viste lo que te venga en gana. Si se te antoja llevar el pelo teñido de rojo, adelante. Piensa en todas las cosas que quisiste aprender, apúntate a un curso de algo que te motive —piano, la cría del canario, pintura al óleo—, no hace falta que quieras ser un auténtico maestro en ese arte, simplemente déjate llevar por tus inquietudes. También puedes sentirte realmente libre practicando algún deporte de aventura, aunque, si haces escalada o alguna otra actividad de riesgo extremo, ata bien tus sujeciones o dejarás una fea mancha en el duro suelo.

En la foto, Nino Bravo.

Daniel Domínguez

My Way

Frank Sinatra

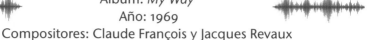

Álbum: *My Way*
Año: 1969
Compositores: Claude François y Jacques Revaux
(traducida al inglés por Paul Anka)

En la actualidad, «My way» es posiblemente la canción mas versionada de la historia; poco se imaginaría Frank Sinatra oír la letra entonada por grupos tan dispares como los Gipsy Kings o los Sex Pistols.

«My Way» nació lejos del lugar donde se haría famosa, concretamente en Francia, cuando en 1967 fue escrita en inglés por Jacques Revaux con el título «For Me», pensando en que sería cantada por la estrella de la época Dalida, pero a esta no le interesó en absoluto, por lo que la canción fue dando tumbos hasta ser reescrita en francés e interpretada por un artista llamado Claude François, con lo que pasaría a ser llamada «Comme D'habitude». En ella se hablaba de una relación matrimonial agridulce basada en la rutina y el aburrimiento de sus protagonistas.

La canción fue un exitazo, sonando fuerte también en el Reino Unido. Y claro, cuando algo triunfa siempre hay alguien que quiere sacar partido de ello; aquí es donde aparece Paul Anka, al que le entusiasmó la canción y la reescribió pensando en Frank Sinatra, quedando de la original solo la melodía.

En esta nueva reinterpretación se habla de un tipo en la última etapa de su vida que hace repaso de sus triunfos y fracasos, dando a entender la fuerte personalidad del narrador, alguien muy seguro de sí mismo, tranquilo por hacer las cosas «a su manera».

Y quién mejor que el *mafiosete* Frank Sinatra para dar vida a «My Way». Desde sus inicios, cantando en los bares regentados por La Cosa

Nostra, hasta su etapa como miembro del Rat Pack, donde compartía juergas y prostitutas con golfos reconocidos de la talla de Dean Martin o Sammy Davis Jr.

Cuenta la leyenda que Sinatra pasaba por una mala época en los cincuenta debido a problemas en sus cuerdas vocales y sus numerosos líos de faldas. Fue entonces cuando pidió ayuda a sus amiguitos del hampa, que «convencieron» a los estudios de Hollywood para que Frank tuviera un papel en la película *De aquí a la eternidad*, con la cual ganó el Oscar al mejor actor secundario y su carrera despegó de nuevo.

De este incidente aseguran que Mario Puzo se inspiró para el personaje de Johnny Fontane en la novela *El padrino*. En ella un cantante-actor olvidado pide ayuda a Don Vito para que el productor de una exitosa película lo incluya en su reparto; ante la negativa de este, la mafia le enviará un mensaje..., por todos es conocida la escena de la cabeza de caballo. Sinatra vio demasiados paralelismos con el personaje, hasta el punto de llegar a más que palabras con Puzo, y ese sería el motivo por el que el personaje no tuviera excesivo peso en la película de Coppola.

Sea como fuere, esta vida plagada de lujo, malas compañías, matrimonios con grandes mujeres de Hollywood y turbios asuntos políticos encaja perfectamente con «My Way». Y nadie mejor que Frank Sinatra para plasmar esta vida intensa, con altibajos (como su personalidad) pero sin arrepentimientos.

And now, the end is near, / and so I face the final curtain, / my friend, I'll say it clear, / I'll state my case, of which I'm certain, / I've lived a life that's full, / I travelled each and every highway, / and more, much more than this, / I did it my way.	Y ahora, el final está cerca, / y así me enfrento al último telón, / amigo mío, lo diré sin rodeos, / hablaré de mi caso, del que puedo hablar con certeza, / he vivido una vida plena, / viajé por todas y cada una de las autopistas, / y más, mucho más que esto, / lo hice a mi manera.

¿Por qué te inspira?

¿Has descubierto alguna cana mientras te peinabas esta mañana? Si la respuesta es afirmativa, tranquilo, estás siguiendo el paso normal de la vida... o sea, te estás haciendo viejo. Pero ¿qué otros síntomas te anuncian que has llegado a esta nueva etapa?

El primero y sin duda el más auténtico síntoma de hacerse mayor es cuando un niño por la calle te llama «señor». Cuando eso pase, ya no hay marcha atrás. Los niños lo huelen a kilómetros, son auténticos medidores de edad.

Otra clara manifestación de vejez son las resacas. Antes, en tu adolescencia, una resaca duraba como mucho media mañana. Cuando sea domingo por la tarde y aún estés hundido en tu cama y cualquier sonido se te haga insoportable, es hora de plantearse las salidas nocturnas.

Otros de los indicadores de vejez son mirar antes de irte a dormir el tiempo que hará al día siguiente, ver que tu sobrino de cinco años maneja el móvil con más soltura que tú, cuando las canciones que bailabas como loco en la discoteca ahora son clásicos o si te preocupas por tu colesterol; y, definitivamente, si haces un esfuerzo y soplas al levantarte, no tengas ninguna duda, ya has pasado el umbral.

En la foto, Rat Pack (de izquierda a derecha) Dean Martin, Sammy Davis Jr. y Frank Sinatra.

Vivir el momento

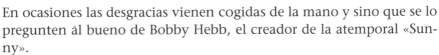

Sunny

Bobby Hebb / Boney M

Álbum: *Sunny / Take The Heat Of Me*
Año: 1966 / 1976
Compositor: Bobby Hebb

En ocasiones las desgracias vienen cogidas de la mano y sino que se lo pregunten al bueno de Bobby Hebb, el creador de la atemporal «Sunny».

Nos situamos a 22 de noviembre de 1963; este fatídico día ocurrió el asesinato de Kennedy, la masa horrorizada observó atónita como varios balazos acabaron con la vida del presidente. El país entró en un período de luto y comenzaron las mil teorías de conspiración porque nada cuadraba en ese escenario.

Como afroamericano, Bobby Hebb no debía tomárselo muy bien, ya que uno de los planes del presidente era acabar con la segregación racial (quizá por eso le dieron matarile, quién sabe). Pero para este músico de Nashville las malas noticias no acababan ahí, ya que la misma noche del atentado recibió la noticia de que propio hermano había sido asesinado de una puñalada tras una disputa al salir de una cantina.

Hundido por los acontecimientos y al contrario de lo que muchos harían, Hebb cogió su guitarra y empezó a componer una canción sobre el lado bueno de las cosas, un canto a la esperanza, sobre cómo después de una tormenta llega la luz del sol. Hebb guardó esta preciada pieza en una carpeta y esperó a tener varias más en la recamara.

Cuando por fin presentó las canciones, «Sunny» quedó fuera, ya que los productores no creían en ella, y la cedieron a una cantante japonesa llamada Miero «Miko» Hirota, que la petó en Japón. Este fenómeno llevó a la casa Philips a grabar un disco con Bobby Hebb en 1966 en la que él mismo interpretó «Sunny».

A partir de ahí la canción alcanzó el número dos del Billboard Hot 100 y se expandió como la pólvora. Aprovechando el tirón, Hebb incluso pudo ir de gira con los Beatles,

Bobby Hebb

eso sí, nunca más llegó a tener otro éxito similar, considerándose este un *One Hit Wonder* en toda regla para la eternidad. Hebb, consciente de ello, puede sentirse orgulloso, ya que creó luz donde habitaba la oscuridad y rindió un bonito homenaje a su difunto hermano.

Años más tarde y lejos de ahí, concretamente en la Alemania de los setenta, nació Boney M, un grupo que movería los cimientos de la música disco. Detrás de Boney M estaba el avispado productor musical Frank Farian, que creó el grupo a partir de la técnica del *casting,* juntando a chicas bonitas con el bailarín Bobby Farrell. Este último fue la imagen que todo el mundo recordó del grupo como icono del disco. Su cabeza lucía una bola de cabello afro del tamaño de Júpiter y vestía ataviado con ajustados trajes cubiertos de elementos reflectantes que podían ocasionarte un episodio epiléptico. Su llamativo atuendo siempre dejaba al descubierto parte del pecho, sobresaliéndole de este un buen matorral de pelamen. Además de la apariencia, su mayor baza fueron los esperpénticos y sobreactuados bailes cercanos a la posesión demoníaca, todo un personaje dentro del escenario.

Este fenómeno reportó innumerables *hits*, entre ellos una divertida versión del «Sunny» de Bobby Hebb. Aquí es cuando hago un *spoiler* (para los que no lo sepáis, claro): Bobby Farrell no es el que cantaba las canciones, todo era un teatro organizado por el pillo de Frank Farian, quien también creó otra farsa del mundo del espectáculo, los Milli Vanilli (tuvieron que devolver el Grammy que habían recibido y enfrentarse a millones de fans engañados). El listo de Frank era el que grababa las voces en los discos, Bobby Farrell y las chicas simplemente eran las imágenes de la portada, ya que en directo se recurría al *playback*, pues ellos no tenían buena voz y habrían dado el cante.

Pero bueno, aunque sepamos que todo era más falso que el gato de Sabrina, debemos hacer la vista gorda y disfrutar del espectáculo visual que ofrecía Bobby Farrell, porque, ¿no es lo que hacemos actualmente con Madonna?

Sunny, yesterday my life was filled with rain, sunny, you smiled at me and really eased the pain, oh, the dark days are done, the bright days are here, my sunny one shines so sincere, sunny one so true, I love you.	Sol, ayer mi vida estaba llena de lluvia, sol, tú me sonreíste y realmente calmaste mi pesar, oh, los días oscuros se han marchado, los días brillantes están aquí, mi sol brilla tan sincero, sol, tan verdadero, te quiero.

¿Por qué te inspira?

Con la llegada del veranito, a la gente se le enciende el chip y se vuelve loca por instalarse en una parcela de arena y ponerse roja como una gamba. ¿Qué tipo de fauna puedes encontrar en una jornada de playa? El primer consejo básico es el referente al espacio que podamos ocupar, si os gusta encontrar un buen rinconcito en el que poner vuestra toalla, más os vale que vayáis bien tempranito; si vais pasadas las diez de la mañana, veréis que no cabe ni una aguja, y el único lugar en el que podáis instalaros estará a kilómetros del agua. Este mismo consejo se aplica al transporte, si quieres aparcar dignamente cerca, madrugad.

Una vez estirados en nuestra toalla veremos pasar diferentes tipos de personas, entre ellos se encuentran chicos y chicas que se han matado medio año en el gimnasio para lucir sus cuerpos libres de cualquier pelo y embadurnados con protección solar. También puedes tener la mala suerte de que se instale una familia con varios niños; estos te llenarán de arena y acabarás rebozado como un san Jacobo. También puedes encontrar al grupo de *canis* que en un alarde de generosidad pondrán a tu disposición su música a todo volumen. Si la vida en la arena te enerva, siempre puedes ir al mar, ahí podrás nadar entre compresas, bolsas del supermercado y medusas mutadas genéticamente. No, ¡si al final más te valía quedarte en casa y ponerte moreno en el balcón!

En la foto, Bobby Farrell.

Daniel Domínguez

Train

Undrop

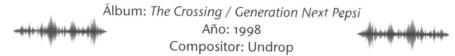

Álbum: *The Crossing / Generation Next Pepsi*
Año: 1998
Compositor: Undrop

Para los que tengáis treinta y tantos y una buena memoria, recordaréis que en el verano de 1998 una marca de refrescos nos plantó un CD recopilatorio con unas canciones con las que si no estabas muy puesto en las tendencias que se seguían a mediados de los noventa lo mejor que te podía pasar es que descubrieras un nuevo mundo de géneros musicales alternativos.

Esta poderosa campaña de marketing por parte de Pepsi nos brindó un disco presentando lo que sería la *GenerationNext* o la que (por suerte) sería mayormente conocida como la *generación pop*, alternativa e Indie. Puede sonar contradictorio que una gran multinacional como Pepsi te sirviera en bandeja a grupos más bien *underground* o alejados del sistema comercial. Pero vaya, podríamos decir que a ciertos grupos del CD no les fue nada mal que una marca poderosa les ofreciera este trato, ya que algunos de ellos no tenían recursos suficientes para tener un álbum de estudio o bien la calidad para grabar sus paupérrimos videoclips. Por lo cual, el casi siempre repudiado método de la promoción a través de una marca en este caso dio unos éxitos que actualmente todos más o menos recordamos, repartiendo discos de oro y largas giras a músicos que el año anterior estaban tocando en el metro. Quizás este recuerdo se deba más bien a la nostalgia de esos tiempos cuando esta generación tenía unos 15 o 20 años.

La fusión que podías encontrar dentro del recopilatorio iba del grunge al pop indie pasando por la electrónica, tanto de grupos nacionales como internacionales. Y lo más gracioso es que ese extraño batiburrillo de géneros no nos parecía extraño, podíamos pasar de Los Fresones Rebeldes con su «Amanecer» al gótico Marilyn Manson con «Beautiful People».

Para conseguir el álbum disponíamos de varias opciones, una de ellas era coleccionar anillas de las latas que bebíamos asegurándonos un futuro con diabetes o bien ir a la tienda de discos más próxima y dejarse la pasta. También existía la opción de que alguien te lo grabara en (el hace años difunto) cassette, muy de moda todavía. Pensad en el Internet prehistórico de antes, que para ver una foto que os pasaba un ligue del chat podías esperar diez minutos a cargarla.

La particularidad del disco fue acercarnos a los no muy musiqueros a un tipo de música que ya trajeron Pixies o los Smiths en los ochenta. En España nos encontrábamos con grupos que adoptaron el inglés en sus canciones, quizá para alejarse del espíritu de *la movida*, como Australian Blonde con su Chup Chup, o Dover con el mítico «Devil came to me». Recordemos también que por aquellos tiempos también nació el Festival Internacional de Benicassim en el que Los Planetas compartieron cartel con Ride.

Del recopilatorio de Pepsi yo me quedo con «Train» de Undrop, más que nada porque fue la canción con la que nos vendieron el CD, especialmente con el anuncio de la tele, donde esta especie de *hippies* vegetarianos con aires *perrofláuticos* llamados Undrop ofrecían un concierto en un tugurio y los espectadores que ahí se encontraban no paraban de interrumpirlos por como tocaban los instrumentos o si llevaban el bajo atrasado. El mensaje final que nos daba Pepsi es que, mientras te guste a ti, ¡sigue tocando!

Una vez televisado, serían las emisoras de radio las que se encargarían de que todo el mundo conociera la canción, friendo nuestras delicadas orejas con el estribillo del tren.

Undrop es una banda con dos suecos y un español, que antes de salir en televisión tuvieron que recoger aceitunas o tocar en la calle y verbenas. Como muchos otros de la época, llegaron, tocaron el cielo… ¡y desaparecieron!

There is a train, it's leaving today (yeah) it's leaving today and I'm gonna get on it, there is a train so don't let it pass without you, don't let it leave without you, just get on it, there is a train that leaves tomorrow, and we're gonna get on it.	Hay un tren, se va hoy (yeah). Se va hoy y me voy a montar en él, hay un tren, así que no lo dejes pasar sin ti, no lo dejes ir sin ti, simplemente monta en él, hay un tren que se va mañana, y tenemos que montar en él.

Vivir el momento

¿Por qué te inspira?

Daniel Domínguez

Debido a la importancia que han conseguido los festivales de música indie a lo largo de los años, qué mejor que darte unos buenos consejos para que si decides dejarte caer por uno puedas pasar desapercibido entre los asistentes. El *look* es realmente importante: un buen festivalero irá siempre con gafas de sol, no importa la hora del día, son igual de eficaces tanto a media mañana como a las dos de la madrugada. También te iría bien conseguir un sombrero de paja tipo granjero; particularmente no comprendo la fusión de conceptos, pero vaya... quién pide coherencia cuando ya llevas diez cervezas ingeridas. Otra parte de tu indumentaria obligatoria será la camiseta: no puede ser una cualquiera, debe llevar impreso el logo de algún grupo desconocido, cuanto más raro sea y suene, mejor. Como complemento a la camiseta puedes pedirle la camisa de cuadros a tu primo el que vive en la cabaña del bosque. Días antes del festival empápate la Wikipedia, necesitarás poder recitar de tirada los nombres de los grupos más alternativos; si no los has escuchado jamás, no te preocupes, nadie va a dudar de tus palabras. Otro rollo son los lavabos; si eres un señorito o señorita, vas a encontrar mucho a faltar el de tu casa. Las cabinas lavabo de los festivales no suelen ser muy higiénicas; al entrar palpando (piensa que si es de noche no habrá luz) podrás notar tus pies húmedos, posiblemente sea el pis estancado. Con todo esto ya no tienes excusa para ser el *hipster* más auténtico de tu manada y volver a tu casa con el sombrero de paja bien alto.

What A Wonderful World

Louis Armstrong

Álbum: *What A Wonderful World*
Año: 1967
Compositores: Bob Thiele y George David Weiss

Vivir el momento

Aunque no estemos muy puestos en el mundo de la música, si nos enseñan la imagen de un señor afroamericano tocando la trompeta, con unos ojos que se le salen de la cara y unos grandes mofletes hinchados, creo que casi todos reconoceremos a Louis Armstrong. Y esa imagen la solemos asignar automáticamente a «What A Wonderful World».

Pero ¿qué sabemos de este carismático músico aparte de que interpreta la mencionada canción?

Louis Armstrong nació en 1901, recién entrado en el siglo XX; su familia era más pobre que Carpanta y vivía en uno de los barrios más marginales de Nueva Orleans. Su padre le abandonó cuando era pequeño y su madre era prostituta, una familia disfuncional, sin duda. Pronto, a la edad de doce años, Armstrong decidió disparar una pistola al aire para celebrar el nuevo año; desgraciadamente, a un policía que pasaba por ahí no lo pareció tan divertido y lo metieron en un reformatorio. Una vez recluido, conoció a Meter Davis, director musical del centro, que le recondujo del robo y holgazanería al mundo de la música, introduciendo en su vida la trompeta, de la que ya nunca más de separaría. Louis también tenía dotes de cantante; en sus turbulentos primeros años de vida, cantaba en una esquina por cuatro monedas. Mientras practicaba, se sentía atraído por las bandas de los desfiles y una vez salió del reformatorio, en 1914, entró a trabajar en un cabaret, donde fue ganando reputación como músico.

Su fama llamó la atención del prestigioso director de la banda de Nueva Orleans. A partir de ese momento, el éxito aumentó aún más y Armstrong pasó de tocar en cabarets a hacerlo en un barco de vapor que recorría el Mississippi. También le ofrecieron varios papeles en películas de la época, y grabó sus primeros álbumes. Revolucionó el jazz con su personal estilo de tocar y compartió escenario con grandes del jazz, como Ella Fitzgerald o Billy Holiday. Ya entrados los sesenta grabó una versión del clásico «Hello Dolly» y consiguió entrar en el primer

Daniel Domínguez

puesto de las listas, convirtiéndose en la persona de más edad que conseguía tal éxito. Desplazaría incluso a los Beatles al segundo puesto en las listas.

A mediados de los sesenta el mundo estaba fatal, guerras absurdas amenazaban la paz y un par de compositores llamados Bob Thiele y George David Weiss escribieron para Armstrong «What A Wonderful World», una conmovedora pieza que intenta transmitir un mensaje de esperanza en tiempos tan pesimistas. Por alguna razón, el propietario de ABC Records, se encabronó con Armstrong y le prometió que haría todo lo posible porque el tema no viera la luz. El boicot tuvo su efecto en Estados Unidos, donde vendió menos de mil copias; en Inglaterra en cambio fue un éxito total, alcanzando el número uno. Unos años más tarde, el film _Good Morning, Vietnam_ le dio una segunda vida al tema al sonar en su banda sonora.

Louis Armstrong siempre se dio a conocer por su compromiso en la lucha contra la segregación, ya que él mismo la vivió en su adolescencia. La gente que trato con él, hablan de su gran corazón. Y lo que muchos os preguntaréis: ¿cómo podía permanecer siempre con esa gran sonrisa en su rostro? Pues quizá se debía a los tres porros que el amigo se fumaba cada día, y es que Armstrong era un gran defensor de la marihuana y luchó por que se legalizara con motivos terapéuticos. Así, también veo yo el mundo de otra manera.

I see trees of green,	Veo árboles de color verde,
red roses too,	también rosas rojas,
I see them bloom,	las veo florecer,
for me and you	para ti y para mí
and I think to myself,	y pienso para mí,
what a wonderful world.	qué mundo tan maravilloso.

¿Por qué te inspira?

Como bien nos recuerda la canción de Armstrong, el mundo es maravilloso. Pero hace falta que pongas algo de tu parte para poder captarlo en todo su esplendor. La clave está en dejarte llevar, vivir el momento y disfrutar de cada acción que realices, poniendo especial atención en esas pequeñas cosas, las que en un día cualquiera pasas por alto y en las que reside un punto extra de felicidad que no debes desaprovechar. Quedarte tras la ventana mientras escuchas caer la lluvia, disfrutar de una taza de chocolate caliente con un amigo que hace tiempo que no ves, hacer una mini escapada a la montaña y ver la puesta de sol, disfrutar cinco minutos más de una ducha relajante, encontrar ese calcetín que pensabas que había desaparecido para siempre en el limbo de la ropa interior, tocar la arena con los pies desnudos y hundir en ella los dedos; incluso esa felicidad que se da cuando metes la mano en un pantalón que hace tiempo que no te pones y encuentras un billete. Piénsalo, en cada pequeño instante tienes una oportunidad para disfrutar un poco más de tu día a día.

Vivir el momento

Superación

Resurgir cual Ave Fénix

Eye Of The Tiger

Survivor

Álbum: *Eye Of The Tiger*
Año: 1982
Compositores: Frankie Sullivan y Jim Peterik

Vayamos atrás en el tiempo, concretamente a 1981. Por aquel entonces el actor Sylvester Stallone estaba preparando la que sería la tercera parte de su *anabolizado* boxeador *Rocky*. Stallone buscaba canciones potentes para esta nueva entrega de la saga y, tras la negativa de Queen para ceder los derechos de su «Another One Bites The Dust», se volcó en un grupo que escuchó en la radio denominado Survivor.

Estos habían sacado al mercado un par de discos sin demasiada fortuna pero su suerte iba a cambiar de manera radical en forma de mensaje en el contestador automático. Dicho mensaje había sido enviado por Sylvester Stallone, el cual elogiaba a la banda por su música y proponía llegar a un acuerdo para que Survivor crearan una banda sonora que el público nunca olvidara, y de ahí nació «Eye Of The Tiger». Dicha canción se utilizó en los créditos iniciales de la película, refrescando el final de la anterior y haciendo pequeños *spoilers* de lo que el espectador encontraría en esta.

La letra nos habla de alguien que en otro momento de la vida fue el número uno y ahora se ha dejado llevar por la buena vida, descuido que otros han aprovechado para convertirse en poderosos, con lo que no le queda otra que volver a entrenar duro y mostrarles la «mirada del tigre». La canción es una advertencia: no bajes la guardia, toma valor para seguir la lucha resurgiendo cual Ave Fénix cuando estés en el momento más vulnerable.

A partir de ese momento, en cualquier film o anuncio que quisiera mostrar a alguien esforzándose para conseguir algún reto o entrenando duro, normalmente sonaba esta pieza.

La canción impulsó al estrellato la carrera de Survivor, y fue nominada al Oscar, ganó un Grammy y dio comienzo a un nuevo género musical llamado AOR (Adult Oriented Rock), con grupos tan famosos como Foreigner, Boston, Journey, etc. Tanto gustó el resultado a Stallone, que repitió con la banda en el próximo film de *Rocky*, grabando «Burning Heart».

It's the eye of the tiger,
it's the thrill of the fight,
rising up to the challenge of our rival,
and the last known survivor,
stalks his prey in the night,
and he's watching us all,
with the eye of the tiger.

Es la mirada del tigre,
es el estremecimiento de la pelea,
levantándose ante el desafío de nuestro rival,
y el último superviviente conocido,
acecha a su presa en la noche,
y nos está mirando a todos nosotros,
con la mirada del tigre.

¿Por qué te inspira?

Para ti, perezoso lector, que ansías llegar algún día a la cima de tus propósitos, despega el culo del sofá, quítale las telarañas a tu antiguo chándal, pon una cinta en tu sudorosa frente, cálzate las zapatillas de *running* (recuerda que ahora está tan de moda como la barba), márcate un plan de trabajo realista (piensa que el extra de queso y la cerveza ha hecho mella en tu forma física), reproduce en el *walkman* «Eye Of The Tiger» y sal a la calle. Al principio puede llegar a molestarte la luz solar, pero con el tiempo tus ojos se adaptaran al entorno.

No te desanimes si, en tus primeros intentos, a los pocos metros sacas el hígado por la boca y te adelantan abuelos con andador; con el tiempo llegará el momento de la venganza y serás tú el que pase orgulloso por delante de sus seniles rostros.

Como consejo personal te diré que midas bien tu «mirada del tigre»; a los mendigos y *yonkis* del parque les puede parecer ofensiva, buscándote una buena pelea… y la última vez que te vi ¡no eras Rocky!

Daniel Domínguez

Supera esa pérdida

I Will Survive

Gloria Gaynor

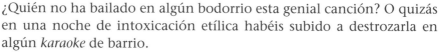

Álbum: _Love Tracks_
Año: 1987
Compositores: Freddie Perren y Dino Fekaris

¿Quién no ha bailado en algún bodorrio esta genial canción? O quizás en una noche de intoxicación etílica habéis subido a destrozarla en algún _karaoke_ de barrio.

Pero vayamos por partes, situémonos a mediados de los setenta, cuando la música disco estaba en pleno apogeo, con los Jackson Five y Donna Summer haciendo furor entre la juventud discotequera.

En esa época, Gloria Gaynor iba a grabar su sexto álbum de estudio _Love Tracks_. Para ello presentó el single «Substitute» con «I Will Survive», relegado a la cara B porque a la discográfica no lo parecía que la canción fuera a calar entre el público.

Entonces fue cuando los Dj entraron en acción; al darse cuenta del potencial de esa cara B, la hicieron sonar en todas las radios y la subieron al top 1, viéndose obligada la discográfica a hacer una nueva tirada de singles, esta vez con «I Will Survive» en la cara A. El resto es historia, con Gloria Gaynor compartiendo trono como reina de la música disco con Donna Summer.

De la canción se hicieron numerosos _covers,_ los más famosos quizá son los de Hermes House Band, que reavivó el éxito de la original en los años noventa, y también una versión con ritmo más pausado a cargo de Cake.

«I Will Survive» también se convirtió en un himno tanto para la liberación femenina, como para el colectivo LGTB (_lesbiano, gay, transexual y bisexual_). Aunque en una entrevista hecha ya hace unos años, Gloria manifestó sentirse cansada de que la canción solo fuera vista como un himno de este colectivo. Ella comentó que el tema no está centrado en una causa, sino que está dedicado a todas esas personas que superan un hecho importante de su vida.

> I will survive,
> oh, as long as I know how to love,
> I know I'll stay alive,
> I've got all my life to live,
> and I've got all my love to give,
> and I'll survive.

> Yo sobreviviré,
> oh, mientras sepa cómo amar,
> sé que seguiré con vida,
> tengo toda mi vida por vivir,
> y tengo todo mi amor por dar,
> y yo, sobreviviré.

¿Por qué te inspira?

Pero ¿de qué habla esta canción? Pues de la superación tras una ruptura amorosa. Una chica a la que han roto el corazón se dirige a su expareja para dejarle claro que después de pasar ese mal rato (que todos hemos pasado alguna una vez) volverá a sonreír y continuar de nuevo con su vida. Y es que aunque en esas ocasiones todo lo veamos negro y no podamos salir del pozo, debemos hacer balance de las cosas buenas y malas.

Pasado el tiempo de luto (casi obligatorio), volveremos con más fuerza para conquistar (o que nos conquisten) y encontrar a esa persona con la que empezar una nueva historia y enterrar definitivamente las tristezas del pasado.

Daniel Domínguez

Back In Black
AC/DC

Álbum: *Back In Black*
Año: 1980
Compositores: Angus Young, Malcolm Young y
Brian Johnson

A finales de los setenta el grupo de hard rock AC/DC estaba experimentando un creciente éxito con la salida al mercado del álbum *Highway to hell* cuyo single homónimo se convertiría en un himno del género. Todo les iba viento en popa hasta que un suceso dio un vuelco a todo. Después de una noche de copas, el cantante y compositor Bon Scott (un tipo carismático y *borrachuzo*, a partes iguales), llevaba una cogorza como un piano, por lo que Alistair Kinnear, un amigo que estaba con él en la fiesta, decidió que lo mejor sería que lo acercara con el coche hasta su casa. Una vez ahí, vio que Bon Scott estaba inconsciente y no pudo sacarlo del automóvil; optó por taparlo con una manta y dejarlo durmiendo. Pasaron unas quince horas hasta que Alistair despertó con una resaca de mil demonios y bajó hasta el coche para ver si su alcoholizado amigo aún estaba ahí, pero desgraciadamente lo encontró cadáver. Bon debió de morir en algún momento de la noche ahogándose en su propio vómito (al igual que años atrás también lo hiciera Jimi Hendrix).

La noticia cayó como un jarro de agua fría encima del grupo, ya que habían perdido a su cantante y *frontman* en la cresta de la ola.

Fue entonces cuando el padre de Bon Scott les dijo que debían seguir adelante y que no pensaran en la separación como grupo, que el mismo Bon les daría una patada en el culo si se les ocurría. En ese momento, Angus y Malcolm Young empezaron a hacer au-

Bon Scott

diciones para encontrar a alguien que pudiera al menos acercarse al tono vocal de Bon Scott. Las leyendas cuentan que fue un fan el que envió a los hermanos Young una carta junto con una cinta de audio con un tema interpretado por Brian Johnson, y que además les recordó que Bon Scott en su momento dijo que el tal Brian era su cantante favorito. El tipo trabajaba de mecánico y tocaba en un grupo llamado Geordie para ganarse dinero extra, por lo que decidieron hacerle algunas pruebas de voz, que resultaron realmente satisfactorias, y un mes después lo presentaron a la prensa.

Superar el éxito de *Higway to hell* era complicado, tenían miedo, por otra parte justificado, de cómo reaccionaría el público ante el nuevo cantante. El álbum *Back in black* lucía una icónica portada negra de luto por el fallecimiento de Bon Scott, el disco en sí era un tributo al malogrado cantante, con canciones como «Have a drink on me», que sería algo así como «Tómate una a mi salud». El single «Back in black» era una llamada a un nuevo comienzo, un reinicio por todo lo grande ya que con él se convirtieron en leyenda y ocupó un lugar entre los discos más vendidos de la historia, detrás de *Thriller* de Michael Jackson y *Dark Side Of The Moon* de Pink Floyd.

Como curiosidad podemos incluir el origen del nombre del grupo, inventado por la hermana de los Young, Margaret, que sacó el nombre de una máquina de coser. A los hermanos les gustó, ya que para ellos constituía un símbolo que hacía referencia a la energía y la potencia que derrochaban en el escenario.

Back in black, I hit the sack. I've been too long, I'm glad to be back. Yes, I'm let loose from the noose that's kept me hanging about I keep looking at the sky 'cause it's gettin' me high.	Vuelvo de negro, me fui a la cama. He tardado mucho tiempo, me alegro de volver. Sí, me he liberado del dogal del que pendía. Continúo mirando al cielo porque me eleva.

¿Por qué te inspira?

A veces nos ocurre algo parecido a lo que les pasó a los integrantes de AC/DC, en algún momento importante de la vida, cuando todo nos va de puta madre, no nos falta trabajo, tenemos a una persona que nos aguanta, etc. Algo sale mal y perdemos todo lo que habíamos conseguido, nuestro barco se hunde, se va al carajo... Lo último que debemos hacer, entonces, es quedarnos a tocar como la orquesta del *Titanic*. Comenzar de cero cuesta, tanto si es para buscar un nuevo empleo como

Daniel Domínguez

para volver a encontrar a alguien con el que compartir nuestras movidas, pero debemos armarnos de valor; recordad el siguiente dicho: «El viaje más largo empieza con un solo paso». Además, tampoco es cierto eso de que empiezas de cero; las personas a lo largo de su vida van acumulando una experiencia, es como un juego de rol, con cada pérdida se aprende algo nuevo, una nueva forma de luchar o actuar. Aplícalo a la vida real, hazte más fuerte después de una derrota, entra a por todas, no solo para conseguir algo similar a lo que vivías antes, sino para multiplicarlo por cien ¡Entra de nuevo en la vida por la puerta grande!

En la foto, Brian Johnson y Angus Young.

Superación

Creep

Radiohead

Álbum: *Pablo Honey*
Año: 1992
Compositores: Radiohead, Albert Hammond y
Mike Hazlewood

Thom Yorke, líder de Radiohead, es más raro que un vampiro donando sangre. De eso no cabe duda, pero ¿qué mejor que analizar la famosa canción «Creep» y de paso intentar entender la compleja personalidad de este músico inconformista?

En 1968 Yorke llegaba al mundo con algún que otro problema en su anatomía; por culpa de una parálisis facial tuvo que ser sometido a varias operaciones, algunas de ellas auténticos desastres, con el resultado de un parpado caído. Siendo todavía un crío, vio un concierto de Queen en televisión y quedó asombrado por la técnica de Brian May con la guitarra. Unos pocos años más tarde intentó crear artesanalmente en su casa una guitarra, tal como hizo su ídolo May en su día. Aunque no le quedó como un churro, no tenía la calidad que Yorke esperaba de ella. Entonces decidió comenzar a escribir temas, y, en plena adolescencia, mientras todavía iba al colegio, formó su primera banda.

Años después entró en la Universidad de Exeter, donde estudió arte. Ahí había una chica atractiva de la que Yorke se enamoró. Pero debido a sus numerosos problemas físicos, unidos a una timidez provocada precisamente por esas diferencias, finalmente fue repudiado.

Ese hecho le marcaría de tal manera que, años después, cuando trabajaba en el álbum debut de Radiohead, usó la idea de ese rechazo para crear el que sería su primer éxito, «Creep».

La historia que hay detrás, durante y tras la canción tiene miga. Cuando el grupo la estaba grabando en el estudio, el guitarrista Johnny Greenwood intentó en varias ocasiones boicotear el tema, rasgando salvajemente su guitarra y añadiendo distorsión a su sonido, ya que no le gustaba el rumbo que estaba tomando la grabación, pues se alejaba del estilo del grupo. Curiosamente, ese rasgado fue el que le dio el toque característico y la hizo conocida entre el público.

Una vez publicado el disco, la canción fue emitida en la radio; de hecho, una versión editada en la que se había quitado el *fuckin* para no alterar a los ultraconservadores. Al cabo de unos días, los locutores decidieron no volver a radiarla, ya que la consideraban demasiado de-

Daniel Domínguez

primente para los oyentes. No sería hasta el relanzamiento del álbum en Estados Unidos cuando el tema se convirtió en el éxito de masas que es hoy.

Como dijo Yorke en una entrevista, el tema nos habla de que hay la gente *cool* y luego estamos los demás. Pero ahí no acabaron los problemas. Un buen día, Albert Hammond (el padre de Albert Hammond Jr. miembro de los The Strokes) escuchó por casualidad «Creep» y pensó: «Vaya, este tema me recuerda demasiado a uno que escribí yo hace unos veinte años». Se le parecía y mucho; «Creep» había tomado algo más que el ritmo de «The Air That I Breathe», por lo que después de una demanda de plagio que acabó en los juzgados, a Thom Yorke no le quedó más remedio que poner a Albert Hammond y a Mike Hazlewood como coautores de su tema «Creep».

Más adelante, Yorke reconoció que, más que un plagio, fue un homenaje a Hammond. A partir de ahí, cuando Radiohead ofrecía un concierto, sus asistentes solo ponían atención cuando llegaba el momento de tocar «Creep», por lo que el grupo, mosqueado, deja de tocar la canción en directo hasta pasados siete años. Yorke ha reconocido recibir cartas de presuntos asesinos que le relatan que la canción les inspira a cometer crímenes pues se sienten igual de raros que el protagonista de la misma.

You float like a feather
in a beautiful world
I wish I was special
you're so special
But I'm a creep
I'm a weirdo.

Flotas como una pluma
en un mundo hermoso,
desearía ser especial,
tú eres tan especial.
Pero yo soy un gusano,
soy un bicho raro.

¿Por qué te inspira?

Supongo que casi todos hemos vivido en algún momento de nuestras vidas el típico episodio de marginación, de sentirnos el «raro», de no formar parte de un colectivo. Con ello, quizá nos hemos topado con alguna situación en la que no hemos estado a la altura, como la que le ocurrió a Thom Yorke. Este suceso marcó en él un pesar que le duró años. Pero tened en cuenta una cosa, nosotros, los «raros», somos auténticos, no seguimos rutinas ni tampoco patrones establecidos, por lo que nos podemos permitir tener un bajón de autoestima. Más bien nuestra personalidad «rara» debería impulsar esa energía bien alto, ya que somos especiales, como una edición de coleccionista que cada día que pasa es más cara y difícil de conseguir.

Superación

Prepara el camino

Stairway To Heaven
Led Zeppelin

Álbum: *Led Zeppelin IV*
Año: 1971
Compositores: Jimmy Page y Robert Plant

«Stairway To Heaven» es una de las obras magnas del rock y todo buen amante de las seis cuerdas se la conoce al dedillo, pero ¿quiénes de vosotros sois conocedores de los secretos e historias oscuras que se esconden en sus entrañas? Seguid leyendo si sentís esa necesidad.

Led Zeppelin (nombre sacado del famoso dirigible) tenía ya un buen bagaje dentro del mundo de la música, sus canciones jugueteaban con varios estilos, del blues al hard rock, creando ese sonido característico al que se sumaba la increíble voz de Robert Plant. «Stairway To Heaven» marcó un antes y un después, pero para hablar de esta joya tenemos que visitar primero las referencias al ocultismo del guitarrista Jimmy Page, ya que el músico era un seguidor acérrimo y casi enfermizo de Aleister Crowley, llamado el «mago negro».

Este infame personaje formó parte de sociedades secretas en la Inglaterra del siglo XIX, reconocido por practicar rituales sexuales y mostrar devoción a Satán. También escribió *El libro de la ley*, en el que habla de una ley llamada «Thelema», que filosóficamente significaría, más o menos, «sigue tu camino y que nadie te separe de él». Pues bien, entre los sesenta y los setenta muchos músicos se sintieron atraídos por las enseñanzas de este satanista, desde los Beatles a David Bowie. Uno de ellos era Jimmy Page, que incluso compró la casa donde vivió Crowley. Os preguntaréis porque os cuento toda esta tostada, y qué carajo tiene que ver con «Stairway to Heaven». Pues la verdad es que tiene mucho que ver; los que tengáis el cuarto álbum de la discografía de Led Zeppelin en vuestras manos (era como un suicidio comercial, sin nombre del grupo, nombre del álbum o número de serie) podréis comprobar los innumerables detalles que hacen referencia al ocultismo y las artes oscuras. El anciano de la portada (algunos aseguran que sería un famoso brujo llamado George Pickingill) podría hacer referencia al tarot, especialmente a la imagen del «loco». Si abrimos la tapa del LP encontraremos otra imagen relacionada con las cartas, el «ermitaño». En la funda protectora del vinilo podemos ver una serie de runas que pertenecen a los cuatro integrantes del grupo y a cada símbolo le corresponde su significado místico.

Vayamos a por la canción, ¿qué significado le podemos dar? Podría escribir durante días, ya que cada uno le da un sentido diferente: desde que es una chica que quiere suicidarse hasta que es alguien que murió y está en el purgatorio. Aunque creo que nos fiaremos de la explicación que dio Robert Plant, que dijo que trata de una mujer muy egoísta que se lleva todo lo de los demás, pero que no da nunca nada a cambio. Hay que decir que en esos tiempos Plant leía a Tolkien y la mitología celta.

De anécdotas hay un montón; la primera gustará a los conspiranoicos. Resulta que algunas personas con mucho tiempo libre decidieron poner el disco al revés en sus reproductores y lograron descubrir varios mensajes referidos a Satán. Podéis hacer el experimento en casa, pero vaya, aparte de rayar el disco solo escucharéis voces raras, y si os dejáis llevar por la sugestión acabaréis escuchando hasta el nombre de vuestro perro. También podemos decir que «Stairway to Heaven» estuvo a punto de no ser incluida en el disco. Cuando la presentaron por primera vez en un concierto en directo, la respuesta del público fue muy sosa, ya que esperaba los éxitos de anteriores álbumes.

Aunque lo cierto es que uno de los factores que hicieron que esta canción se convirtiera en un éxito rotundo fue su repetitiva reproducción en las emisoras de radio; todo eso se debe a que los locutores ponían «Stairway to Heaven» y se iban a fumar, ya que los ocho minutazos que dura la canción era un tiempo redondo para un cigarro completo.

No podemos olvidar el presunto plagio de «Stairway to Heaven». Resulta que años antes de grabar la canción, Jimmy Page hizo de telonero del grupo Spirit y una de las muchas canciones que interpretaron fue «Taurus», que, si la comparamos con «Stairway to Heaven», tiene unos más que parecidos acordes. La pregunta es: ¿hizo plagio Page? Oyendo la canción, creo que no hay duda, aunque solo sea de esos compases. Eso sí, «Stairway to Heaven» le da mil vueltas a «Taurus». ¿Qué opináis vosotros?

There's a lady who's sure,	Hay una dama que está segura,
all that glitters is gold,	de que todo lo que reluce es oro,
and she's buying a stairway to heaven,	y está comprando una escalera al cielo,
and when she gets there,	y cuando llegue allí,
she knows if the stores are all closed,	sabe si las tiendas están cerradas,
with a word she can get,	con una palabra puede conseguir,
what she came for.	lo que vino a buscar.

¿Por qué te inspira?

Partiendo del significado de «Stairway To Heaven» por parte de Plant, si quieres ganarte esa hipotética «escalera hacia el cielo», más te vale ser buena gente aquí en la Tierra; primero debes hacer lo contrario de lo que hace la protagonista de la canción, no te dejes llevar por lo puramente material. Tampoco estaría de más que ayudaras a alguna ancianita a cruzar la calle. Y después podrías coger la parte buena de la «ley de Thelema», seguir tu instinto y hacer realmente lo que te venga en gana; eso sí… sin joder a los demás.

En la foto, Jimmy Page.

Daniel Domínguez

Band On The Run

Paul McCartney

Álbum: *Band On The Run*
Año. 1974
Compositores: Paul y Linda McCartney

A veces, cuando te recomiendan un cambio de aires, la experiencia final no es tan satisfactoria como esperabas… y si no que se lo pregunten a Paul McCartney.

Una vez separados los Beatles, cada uno por su lado fue sacando trabajos, unos más exitosos que otros. Al amigo McCartney, después del disco casi redondo *Ram*, le siguieron otros álbumes que no acababan de lograr el cariño del público o la crítica, teniendo en cuenta que no era un artista cualquiera, pues estamos hablando de un exBeatle.

Justo después de tocar el cielo con la canción «Live And Let Die», un encargo para la *peli* de James Bond *Vive y deja morir*, McCartney pensó que era el momento de dar el paso y recuperar el favor del público, subiéndose de nuevo al pódium de ganadores. Para ello planificó un nuevo álbum y fue cuando se encontró con el primer contratiempo, dos miembros del grupo abandonaron el barco, Denny Seiwell y Henry McCullough, dejando a la banda en solo tres integrantes, Denny Laine (exmiembro de los Moody Blues, los de «Nights In White Satin»), su esposa Linda y el mismo McCartney. A partir de ahí y cansados de la rutina inglesa, decidieron grabar el nuevo álbum en un país exótico y la discográfica EMI les recomendó su estudio en Lagos, Nigeria.

Paul McCartney en su viaje a Lagos.

Más contentos que unas pascuas, tomaron un avión hacia África. Al llegar a Nigeria se encontraron con que hacía más calor que debajo del sobaco de Chewbacca. La idea que se habían formado de un viaje exótico no coincidía con la realidad, ya que la miseria y la pobreza absoluta estaban presente en cada rincón del país, viviendo además una guerra civil. Por si esto no fuera suficientemente poco alentador, cuando llegaron a los estudios de EMI en Lagos se encontraron con que la maquinaria estaba obsoleta y destartalada.

Empezaron a grabar como pudieron y en un descanso decidieron ir a dar un paseo por la ciudad. Mientras estaban en plena caminata, un grupo de simpáticos autóctonos del lugar les asaltaron apuntándoles con armas de fuego; Linda les gritó que no mataran a McCartney, porque era una superestrella del rock. Acabaron robándoles la cartera y una bolsa que contenía *demos* de estudio del nuevo disco. Aún con los nervios a flor de piel, les quedaba un nuevo percance al que enfrentarse. Fela Kuti, un importante músico africano, los abordó con un machete (de esos que podrían cortar la cabeza de una jirafa) y les acusó de robar la música africana. Estupefactos delante de tal acusación, debieron «audicionar» delante de la atenta mirada de Fela y sus fieles seguidores para demostrar que la totalidad de la música era de cose-

cha propia. Una vez Fela se quedó tranquilo, les dejó marchar y ellos decidieron terminar el álbum en el estudio casero que Ginger Baker (miembro de Cream) tenía en la región. Una vez concluido el álbum, pillaron un avión y, África, si te he visto no me acuerdo.

Al llegar de nuevo a Inglaterra, acabaron de pulir el álbum en unos estudios de calidad. El resultado, después de tantos quebraderos de cabeza, mereció la pena, fue un éxito total, incluso el aclamado periodista musical Jon Landau dijo que era el mejor álbum publicado por un

Daniel Domínguez

exBeatle hasta el momento. La canción, partida en tres partes, como tanto le gusta al amigo McCartney, nos habla de una banda de presos que quieren fugarse de la cárcel y ser libres.

No está de más recordar otro de los tortuosos viajes de McCartney, esta vez a Japón, en 1980. Paul, por esos tiempos, era un *fumeta* y siempre se llevaba un buen saco de marihuana para hacer más livianos sus viajes; pero lo que no sabía es que los *japos* no están por tonterías, y llevar marihuana encima cuando viajas no es de su agrado. Al pillarlo en el aeropuerto de Narita con más de doscientos gramos de «María, la que da alegría», lo metieron en la cárcel y casi le cae una condena de siete años. Imagino que al ser una superestrella entraron en juego las embajadas y a los diez días lo devolvieron a Gran Bretaña. Dicen las malas lenguas que este incidente fue una jugada de una resentida Yoko Ono, que, al saber que McCartney iba a viajar a Japón con la droga, habría realizado una serie de llamadas advirtiendo del contenido de las maletas. Eso son amigos y lo demás son tonterías.

| Well the rain exploded with a mighty crash, as we fell into the sun. And the first one said to the second one there: «I hope you're having fun». Band on the run, Band on the run. | Así la lluvia estalló con un poderoso estruendo, mientras nosotros estábamos en el sol. Y el primero le dijo al segundo: «Espero que te estés divirtiendo». Banda en fuga, Banda en fuga. |

¿Por qué te inspira?

A vosotros, agobiados lectores, si tenéis un trabajo o proyecto pendiente de entregar y sufrís una serie de catastróficas desdichas, no dejéis que estas os superen por muy *cabronas* que sean, echadle un par de huevos (u ovarios, sea como sea) y tirad para delante; no sé si seréis genios como McCartney (o la abuelita simpática en que se ha convertido), pero siendo perseverantes el resultado final seguro que será genial, bueno… seguro no lo sé, daos con un canto en los dientes si es presentable.

Afrontar
tus miedos

Daniel Domínguez

Hello

Lionel Richie

Álbum: *Can't Slow Down*
Año: 1984
Compositor: Lionel Richie

¿Encuentras que el peinado cardado es lo máximo? ¿Conservas una carpeta forrada con adhesivos de los New Kids On The Block? ¿Das la vuelta a los cassettes con un bolígrafo?

Si has respondido afirmativamente a alguna de estas cuestiones esta canción sin duda es para ti, hijo o hija de los ochenta.

Lionel Richie formó parte de los Commodores años atrás, convirtiéndose un ídolo de la Motown; pero a principios de los ochenta el chico quiso volar en solitario.

Para entonces, Lionel ya tenía en mente una especie de esbozo de «Hello», que le hacía recordar sus años mozos en los que era un chico muy tímido y tenía problemas para entrarle a las chicas. Aunque con parte de la canción escrita, le faltaba la base, por lo que la fue dejando de lado. Fue la insistencia de su mujer lo que le hizo abrir los ojos; ella veía en esa balada un futuro éxito, ya que por aquel entonces este estilo era muy apreciado por el oyente (recordad, los ochenta fueron bastante pegajosos).

Una vez incluida en su segundo álbum y lanzada como single, la intuición de su mujer se cumplió y la canción se mantuvo durante varias semanas en la cabeza de la lista.

Junto con la canción, y como era costumbre en esos años, había un videoclip en el que se intentaba contar una minihistoria de cinco minutos. Pero, a diferencia del «Thriller» de Michael Jackson, el videoclip de «Hello» chirriaba por todas partes, convirtiéndose en uno de los peores de la historia. En él, Richie interpretaba a una especie de profesor de universidad que estaba enamorado secretamente de su alumna ciega.

Si lo desgranamos por partes, dependiendo de si nuestra intención es reírnos con él, sale perdiendo o ganando. Primero tenemos al profesor, que en la actualidad posiblemente estaría en la cárcel ya que se pasa el rato persiguiendo en modo *voyeur* por todos los pasillos de la universidad a su invidente alumna; ella, a causa su disminución, no se percata de esa invasora presencia. En otra escena, ya de noche, la chica está

sola en su casa vestida con pijama y leyendo lo que serían las *Cincuenta sombras de Grey* en formato braille, cuando recibe una perturbadora llamada con el mensaje de «¡Hola! ¿Es a mí a quién estás buscando?». La mejor parte se la reservaron para el final del videoclip, en el que la chica ha hecho un busto en arcilla del que sería el chico al que ama, o sea el amigo Lionel, con lo que sus sentimientos serían recíprocos. Hasta aquí todo bien, excepto porque dicho busto se aleja bastante del aspecto de Lionel, asemejándose más bien un habitante simiesco de la prehistoria.

Como anécdota y para que veáis el buen sentido del humor de Lionel, podéis encontrar un *spot* que hizo para la marca de cervezas Tap King. En él, un hombre abre la nevera de su casa para coger una cerveza y dentro de ella aparece Lionel tocando «Hello» al piano; surrealismo en estado puro.

Hello!	¡Hola!
Is it me you're looking for?	¿Es a mí a quién estás buscando?
I can see it in your eyes,	puedo verlo en tus ojos,
I can see it in your smile.	puedo verlo en tu sonrisa.

¿Por qué te inspira?

Tu, tímido lector, no hagas como el pirado de Lionel persiguiendo a la persona amada sin atreverte a dirigirle la palabra, piensa que no vas a ninguna parte guardándote eso para ti, más bien alimentarás una ansiedad creciente que complicará aún más la ya de por sí difícil tarea de hablar con ella. Lo mejor es dejar claro el tema desde un principio, echarle valor y actuar, ya que marear la perdiz te hará perder un tiempo precioso para conquistarle, e incluso te mantendrá alejado de otros posibles pretendientes.

Y si tus sentimientos son rechazados, pues nada… a por otro pez, que hay muchos en el mar.

Daniel Domínguez

El vengador

In The Air Tonight

Phil Collins

Álbum: *Face Value*
Año: 1981
Compositor: Phil Collins

¿Estáis seguros de saber qué cuenta la canción «In The Air Tonight» de Phil Collins? Después de leer las siguientes líneas, algunos vais a cambiar de opinión.

Aunque Phil ya llevaba una larga trayectoria musical a sus espaldas con el grupo de rock progresivo Genesis, a principios de los ochenta dio el salto en solitario con el álbum *Face value*. En él, Phil mostró toda su frustración y pena por la reciente separación de su mujer Andrea. Como ha explicado alguna vez en las entrevistas, pasó de tener una casa, un perro, una mujer y dos hijos a no tener nada. Resulta que Andrea se hartó de que su marido no tuviera tiempo para ella, ya que Phil, además de estar en Genesis, tocaba en una banda de jazz y ejercía de músico de estudio para otros artistas.

Uno de los temas del álbum era el éxito «In The Air Tonight» y sobre él pesan una serie de mitos urbanos a cada cual más enrevesado, que con el boca a boca fueron aumentando.

Una de estas leyendas habla de la «historia real» tras la canción, donde un joven Phil Collins estaba en una playa y vio a lo lejos como alguien se ahogaba en el mar. Corrió para solicitar auxilio a un tipo que estaba en la arena y este le negó la ayuda. Phil, impotente, solo pudo lamentar la muerte del pobre chico ahogado, jurando venganza al otro hombre que ahí se encontraba. Pasados los años, Phil, por medio de detectives, localizó al tipo, y le envió en un sobre una entrada en primera fila para disfrutar de un concierto que se celebraría esa misma noche. Una vez empezado el *show*, Phil entonó las primeras estrofas de «In The Air Tonight», escrita especialmente para la ocasión y un foco gigante enfocó al invitado especial, justo en el momento en que Phil cantaba el siguiente fragmento: «Si me dijeras que te estas ahogando, no te echaría una mano». Eso hizo que el hombre recordara ese trágico suceso y se sintiese culpable. Al final del concierto Phil, llamaría a la policía y se llevarían al tipo a la cárcel.

Bueno, esta es una versión, pero también hay otra en la que el hombre se suicida e incluso una tercera en la que no es un ahogamiento, sino una violación.

Todas estas versiones son más falsas que un euro con la cara de Popeye. Incluso el mismo Phil dice que, cada vez que viaja a América, la historia ha cambiado y es más surrealista que la anterior.

Como bien sabéis no hubo nunca nada de eso, simplemente la historia se debió a alguien que se aburría y se tomó la letra demasiado literalmente. El único ahogamiento que existió fue simbólico, referido completamente al matrimonio frustrado entre Phil y Andrea, en que él se lamentó de la falta de apoyo por parte de su mujer en los momentos más duros de las giras.

Como anécdota ligada al tema de las leyendas urbanas, decir que Eminem hizo aparecer la historia del ahogamiento en la playa en medio de la canción «Stan», alargando así la sombra del bulo hasta nuestros tiempos.

| And I can feel it coming in the air tonight, hold on, I've been waiting for this moment, for all my life, hold on, I can feel it in the air tonight, hold on, hold on. | Y puedo sentirlo, venir en el aire esta noche, sostenlo, he esperado este momento, toda mi vida, sostenlo, puedo sentirlo en el aire esta noche, sostenlo, sostenlo. |

¿Por qué te inspira?

Para que no te pase como al pobre Phil te ofrezco estos consejos gratuitos, atareado lector. Tener una pareja a tu lado requiere unos pequeños cuidados para que ese amor no decaiga, para ello no está de más que le dediques unos pocos minutos al día, por ejemplo preparando su desayuno y dejando una nota cariñosa en la servilleta. También podrías aparecer por sorpresa en su trabajo en el momento de su descanso con una cajita de bombones. Después de un largo día puedes ofrecerle un agradable masaje de pies (previa ducha, si puede ser), mientras os contáis como ha ido la jornada, o incluso puedes sorprenderle con una mini escapada romántica. Cada mínimo detalle cuenta para que esa persona se sienta querida por ti.

You're So Vain

Carly Simon

Álbum: *No Secrets*
Año: 1972
Compositor: Carly Simon

¿Sabéis cuál es el secreto mejor guardado de la historia del pop? ¿A quién está dedicada la canción «You're So Vain» de Carly Simon?

Durante años se ha especulado quién era el vanidoso que da título al tema; seguid leyendo y sabréis la respuesta.

Vamos a poner las cartas sobre la mesa. Empezaremos por la autora, Carly Simon, que en los años setenta tuvo gran éxito por la creciente popularidad del género soft rock, explotado por varios músicos de la talla de James Taylor (marido de Carly durante unos años), Air Supply, Christopher Cross, etc.

En 1971 lanzó su tercer disco, titulado *No Secrets* (irónico título para un LP, ya que para desvelar el secreto de la historia nos hizo esperar cuarenta años). En él encontramos la canción que dará todo el salseo de esta entrada, «You're so vain». El mensaje de la canción era un dardo envenenado dirigido a una persona en particular, y a partir de este momento vamos a nombrar a los diversos pretendientes de Carly para encontrar al auténtico «vanidoso».

La carrera sentimental de esta chica no fue corta, lo que complicó en su momento conocer a ciencia cierta al personaje que se encontraba detrás de la canción.

Algunos de ellos…, o digamos, mejor, los pretendientes con más números para merecer dicho premio son los siguientes: el primero de ellos podría ser su exmarido, James Taylor, conocido por sus problemas con las drogas duras de entonces y su inestabilidad emocional. El segundo, el archiconocido «asalta camas» Mick Jagger, por aquel entonces casado con Bianca, a la que puso los cuernos con Carly en varias ocasiones; además, irónicamente, grabó los coros de «You're so vain» como favor personal a Carly, dijo él. Para acabar tenemos a todo un *sex simbol* de la época, el actor Warren Beatty, seductor empedernido que se llevaba a las mujeres a pares; se dice en su autobiografía que por su cama han pasado la escalofriante cifra de 12.000 mujeres.

Con estos candidatos era muy difícil precisar quién fue el escogido por Carly para su inspirada canción. Durante años se le hizo la pregunta en varias entrevistas y ella, a sabiendas que el secreto crecía y crecía, daba pequeñas pistas, como en una ocasión que dijo que el nombre del vanidoso tenía una serie de vocales determinadas, por lo que la lista se acortó.

Años después, incluso se hizo una subasta benéfica en la que al autor de la puja más alta se le susurraría al oído el nombre misterioso que dio origen a la canción.

Recientemente, Carly ha hablado y por fin ha desvelado tan ansiado misterio, y el ganador ha sido Warren Beatty, que, como buen vanidoso, ha comentado a la prensa lo siguiente: «Siempre he sabido que la canción entera iba dedicada a mí».

	♪ ♪ ♪	
You're so vain, you probably think this song is about you, You're so vain, I'll bet you think this song is about you, Don't you? Don't you?		Eres tan vanidoso, probablemente pienses que esta canción es sobre ti, eres tan vanidoso, apuesto a que piensas que esta canción es sobre ti, ¿O no? ¿O no?

¿Por qué te inspira?

Para ti dolido lector, si por tu vida ha pasado algún infrahumano que con su arrogancia ha eclipsado tu presencia, creyéndose el centro del universo, reduciéndote a la mínima expresión, si has tenido que aguantar a un altivo con demasiados humos, a alguien que se mira al espejo más que la reina del cuento Blancanieves.

Para todos estos cretinos hay un mensaje claro, y para ello qué mejor que llamar a la radio más escuchada y pedir que os pongan «You're So Vain», dejando bien claro el nombre de a quién va dedicada.

Carly Simon y Warren Beatty

Dale duro

Beat It

Michael Jackson

Álbum: *Thriller*
Año: 1983
Compositor: Michael Jackson

En 1982, Michael Jackson aún disfrutaba del éxito de su anterior disco, *Off The Wall,* del que vendió ni más ni menos que seis millones de copias, pero Michael que era un perfeccionista nato quería ir un paso más allá, crear una obra mejor, y vaya si lo consiguió.

Para lograr ese propósito volvió a juntarse con el mítico productor musical Quincy Jones, con el que ya había trabajado en *Off the wall*. Al principio Michael partió de la friolera de treinta canciones para el álbum, de las cuales se quedaron con nueve, una de ellas a dúo con Paul McCartney, que era gran amigo de Michael. Una amistad que se vio truncada cuando este último compró a «traición» (al disponer en ese momento de algo de efectivo, unos 47 millones de dólares) los derechos sobre las canciones de los Beatles, que por aquel entonces estaban en manos de una compañía editorial, debido en parte a la ineficiente gestión del antiguo manager de los Beatles, Brian Epstein.

Pero vaya, historias de ricos aparte, qué mejor que destripar «Beat It». La idea para este *hit* vino de Quincy, que le propuso a Michael escuchar «My Sharona», de los Knack, un superéxito de 1979, y le indicó que ese era el camino a seguir para conseguir un buen tanto para el nuevo álbum. Para su grabación en los estudios Westlake, uno de los más costosos de alquilar y con una tecnología puntera, Michael puso a prueba la paciencia de Quincy Jones, ya que era tal la perfección requerida en cada uno de sus temas a escala vocal, que se hicieron muchísimas tomas hasta dar con la que él consideraba buena.

Para el impresionante solo de la canción, Michael solicitó al guitarrista Eddie Van Halen. Se dice que en un par de tomas ya tenía el solo listo. ¿Sabéis reconocer el momento anterior al solo en el que alguien llama a una puerta? Según cuentan, es fruto de un técnico de sonido despistado que no sabía que dentro del estudio se encontraba Van Halen grabando el solo y golpeó la puerta para entrar, el sonido quedó registrado y cuando lo oyeron les pareció gracioso, dejándolo en el montaje final. Eddie no quiso cobrar por su participación en el tema más que una caja de cervezas, que repartió con el equipo.

«Beat It» es una canción antiviolencia que alienta a no pelearse estúpidamente cuando el honor es lo que está en juego. Está inspirada en el musical *West Side Story*, del que Michael era fan absoluto y quiso hacerle un merecido homenaje. Esto puede verse en el videoclip, en el que el muy loco llegó a juntar a dos de las bandas más peligrosas de Los Ángeles para darle realismo al tema; tuvo mucha suerte (y algo de ayuda de la policía) para que no se le fuera de las manos y se liaran a tortas entre ellos.

Hubo cierta polémica por parte de MTV cuando se negaron a emitir el videoclip por parecerles violento e incitar a la violencia, pero esta tontería se les pasó rápido cuando CBS, que era la discográfica de Michael Jackson, decidió retirar todos los vídeos de éxito de la cadena musical.

Cabe mencionar que *Thriller* a día de hoy ha vendido la desorbitada cifra de cien millones de discos desde su lanzamiento, ahí es nada.

Just beat it, beat it, beat it, beat it, no one wants to be defeated, showin' how funky and strong is your fight, it doesn't matter who's wrong or right, just beat it, beat it, just beat it, beat it	Lárgate, lárgate, lárgate, lárgate, nadie quiere sufrir una derrota, demostrando lo fuerte que es su lucha, no importa quién tenga razón o no, solo, lárgate, lárgate. solo lárgate, lárgate.

Daniel Domínguez

¿Por qué te inspira?

Si enciendes el televisor, aunque sea por un instante, verás que la violencia está a la orden del día, sea por estúpidas guerras precedidas por intereses políticos o por gente que ha perdido la cabeza en su vida diaria. Es cierto el refrán de que la violencia engendra violencia, el uso de la fuerza bruta en una disputa siempre generará un nuevo episodio, el de la venganza y el odio. Una espiral de sinsentido que a muchas familias les ha llevado a años de enfrentamiento por no rebajar un poco sus humos y sentar la cabeza a pensar. Una disputa debería poder ser siempre resuelta a base de razonamiento y lógica, o bien si tienes unas buenas piernas batirte en retirada, no dejes que te rompan los morros por una estupidez. Bueno, os dejaré utilizar la violencia en un solo caso, cuando a la máquina de *vending* del metro se le traba la bebida en el carril y requiere de un pequeño golpe para desatascarla. En este caso, la violencia no es el camino, pero una torta bien dada solucionará el problema.

Someone Saved My Life Tonight

Elton John

Álbum: *Captain Fantastic & Brown Dirty Cowboy*
Año: 1975
Compositores: Elton John y Bernie Taupin

Afrontar tus miedos

Muchos de vosotros no lo debéis saber, pero una tarde de 1969 a Elton John le faltó poco para morir. Si queréis saber cómo ocurrió, seguid leyendo.

A finales de los sesenta, Reginald Kenneth Dwight, más conocido como Elton John, vivía en un apartamento de Londres con su por entonces novia Linda Woodrow y su amigo Bernie Taupin. Elton y Taupin por esos tiempos intentaban abrirse camino a la fama a través de sus canciones, darse a conocer en el mundo del espectáculo y conseguir un contrato discográfico. Pasado el tiempo, Elton empezó a aparecer en las portadas de las revistas musicales, se estaba acercando a su sueño, pero había algo en lo que no parecía funcionar. Su novia le había pedido matrimonio y él, al no saber qué hacer en su momento, accedió. Cuanto más pasaba el tiempo, más cerca se encontraba la fecha de la boda. Y Elton interiormente sabía que eso no era lo correcto, sus sentimientos hacia ella no eran recíprocos, ya que como todos sabemos Elton juega en la otra liga.

Tampoco podía hacer pública su homosexualidad, ya que él pensaba que la prensa de aquellos días le habría hundido su incipiente carrera. Con este problema moral y sin ver una salida clara a su particular drama, optó por la forma más desesperada que encontró en ese momento, el suicidio.

Elton encendió el gas y se sentó en el sofá a la espera de la muerte. Pero justo en ese momento aparecieron por la puerta Bernie Taupin y el cantante de blues Long John Baldry, que frustraron sus planes suicidas. Aunque debemos tener en cuenta que sin ellos quizá tampoco habría muerto, ya que el descuidado Elton se dejó las ventanas abiertas.

Una vez todos calmados en el apartamento, decidieron salir de bares y pillar una buena cogorza. En plena intoxicación etílica le sugirieron que no podía seguir adelante con el tema de la boda, que debía armarse de valor y explicarle a Linda la verdad sobre su inclinación sexual. Elton, borracho como una cuba salió dando tumbos del local y se presentó en el apartamento, donde estaba Linda. Una vez empezó a hablar, ya

nadie le pudo callar, explicó todas y cada una de las razones por las que la boda no podía tener lugar. Linda no acababa de entender todo eso, ya que para ella Elton era el hombre de su vida, pero aceptó sin muchas opciones la extraña petición de su por entonces novio.

Elton esa misma noche se fue del apartamento para no volver jamás. Pasados los años, justamente en 1974, cuando Taupin y Elton ya eran completamente famosos, decidieron lanzar al mercado un disco conceptual, cronológico y semiautobiográfico donde repasaban todas las vivencias de aquellos locos primeros años. Si os fijáis en el *setlist*, podréis encontrar una pieza llamada «Someone Saved My Life Tonight»; en ella se describe la loca tarde que llevó a Elton a abrir la llave del gas de su cocina y en la que el tal «Someone» de la canción es nada más y nada menos que Long John Baldry (amigo de ambos, del que Elton extrajo su «John» para el apellido artístico). Hoy Elton está felizmente casado con su esposo David Furnish y tiene un par de críos gestados en un vientre de alquiler.

> And someone saved my life tonight
> sugar bear,
> You almost had your hooks in me
> didn't you dear,
> You nearly had me roped and tied,
> altar-bound, hypnotized,
> sweet freedom whispered in my ear.

> Alguien salvó mi vida esta noche,
> osito de azúcar,
> casi me tenías clavado en tus anzuelos,
> ¿verdad, querida?
> casi me tuviste atado,
> atado e hipnotizado,
> dulce libertad susurrando en mi oído.

¿Por qué te inspira?

En algunos momentos, como el bueno de Elton, posiblemente nos encontraremos en alguna encrucijada, sea una perdida familiar, el fin de una relación amorosa o quizás una mala racha económica. Estos momentos van a hacer que tus ánimos se lancen en picado y sin frenos por un barranco. En estos casos no te encierres en una jaula emocional. Por ejemplo, para Elton aquella charla en el bar con sus amigos fue decisiva para tomar las riendas de una situación «chunga». Compartir tus movidas con una persona de confianza, además de ofrecerte un nuevo punto de vista del problema, te liberará de la carga interior a la que estás sometido. De esa manera evitaremos verte con la cabeza metida dentro del horno.

Daniel Domínguez

Ghostbusters

Ray Parker Jr.

Álbum: *Ghostbusters B.S.O*
Año: 1984
Compositor: Ray Parker Jr.

Siguiendo con la nostalgia que rodea todas las canciones del libro, qué mejor que desentrañar uno de los mayores éxitos de los ochenta, la canción principal de la película *Los cazafantasmas*.

La idea partía del recientemente fallecido Harold Ramis, que interpretaba a Egon, cuando tuvo una charla con el director Ivan Reitman sobre el tema principal. Harold quería una sintonía que recordara a la de la clásica serie *Batman* de los años sesenta, algo que el público tarareara incluyendo en partes del tema la palabra «cazafantasmas», convirtiendo esto en una clase magistral de *marketing* por parte de los creadores.

Para ello se dirigieron a un grupo pop que era una fábrica de *hits* por aquel entonces, Huey Lewis And The News, que también estaban trabajando en la banda sonora de otra película mítica de los ochenta, *Regreso al futuro*.

A la productora le encantó un tema de Huey Lewis llamado «I want a new drug», y quisieron que escribiera algo similar para la película. Pero después de algún rifirrafe con Columbia Pictures, Huey Lewis abandonó las negociaciones, dejándolos tirados, puesto que faltaba poco tiempo para entregar el material. Eso hizo que tuvieran que buscar a contrarreloj a otro intérprete que pudiera crear una canción con las características de un superéxito. Contactaron con Ray Parker Jr., un músico afroamericano que tenía labrada una buena carrera como compositor para artistas soul y R&B de la Motown. En tiempo récord grabaron el tema «Ghostbusters», y al lanzar la película se convirtió en un exitazo, petando las ventas de la banda sonora y añadiendo veinte millones de beneficios extras al film. La canción sonaba en todas partes, hasta la tarareaban los esquimales en el Ártico. Incluso fue nominada a los Oscar de ese año.

Hasta aquí todo bien; sin embargo, la canción llegó a oídos de Huey Lewis, que no necesitó más de unos segundos para darse cuenta de que «Ghostbusters» tiene demasiados parecidos con su canción «I Want

A New Drug», por lo que, bastante mosqueado, denunció a Ray Parker Jr. por plagio.

Las cosas se arreglaron extrajudicialmente, o sea que alguien llevó a Huey Lewis un maletín lleno de billetes y todos contentos, eso sí con un contrato de confidencialidad.

No hay ninguna duda de que la productora mostró «I Want A New Drug» a Ray Parker Jr. y que este trabajó o copió algo más que la base de la canción.

Pero la cosa no acabó ahí, ya que hace unos años Huey Lewis habló en un programa de VH1 acerca de la manera poco profesional con la que trató la productora todo el tema del plagio. Ray Parker Jr., al escuchar esto, interpuso una demanda contra Huey por difamación al romper el acuerdo de confidencialidad. Esta demanda como podéis imaginar, también se cerró fuera de los juzgados, con otro jugoso maletín. El tema «Ghostbusters» trajo bastantes problemas a Ray Parker Jr., ya que posteriormente inició otro juicio, esta vez contra EMI y Sony, reclamando los *royalties* acumulados por la venta de derechos.

Ghostbusters... ♪ ♪ ♪	Cazafantasmas...
if there's somethin' strange in your neighbourhood,	Si hay algo extraño en tu vecindario,
who ya gonna call (ghostbusters)	¿a quién llamarás? (cazafantasmas)
if it's somethin' weird and it won't look good,	Si hay algo extraño y no tiene buena pinta,
who ya gonna call (ghostbusters)	¿a quién llamarás? (cazafantasmas)
I ain't afraid of no ghost.	No tengo miedo a los fantasmas.

¿Por qué te inspira?

Hablando de fantasmas, vamos a tratar de los que no están compuestos de ectoplasma, estos que deambulan por oficinas, círculos de amigos, reuniones de padres y otros ámbitos sociales. Estos «fantoches» que se alimentan de nuestra atención, que se crecen explicando fantasmadas o hechos que no han ocurrido para dárselas de interesantes. Algunos de ellos son fácilmente detectables, simplemente has de contar alguna anécdota personal y aún no habrás terminado cuando el «fantasma» interrumpirá tu discurso para explicar una anécdota similar, eso sí completamente desproporcionada. Estos tipos sufren grandes inseguridades y su arma más efectiva es la mentira, sea expuesta como alarde de poseer un televisor con una pantalla más grande o un vehículo más potente, incluso ligarse a alguna *top model* en la discoteca de moda. Estas mentiras no nos causaran daño alguno como receptores, pero sí una buena parte de vergüenza ajena después de un rato escuchando sandeces. Si quieres dejar en evidencia a este proyecto de «Casper» siempre puedes dártelas de investigador y hacerle preguntas molestas sobre su historia; si miente, en algún momento se mostrará acorralado, ya que no tendrá argumentos para defenderse. También controla su tono de voz, alguien que miente suele hablar más despacio y bajito de lo normal, con espacios en los que crea nuevos fragmentos del engaño. Recuerda que hay varios grados de mentiroso, y para algunos la mentira es ya una forma de vida, por lo que no se sentirán culpables si los desenmascaras.

El peor día de la semana

I Don't Like Mondays

The Boomtown Rats

Álbum: *The Fine Art Of Surfacing*
Año: 1979
Compositor: Bob Geldof

Afrontar tus miedos

Después de un fin de semana de relax, abandonando un apacible domingo en el que quizá hemos pasado la tarde acurrucados con la pareja en el sofá viendo películas, lo que menos nos apetece es volver a comenzar la semana y con ella el odiado lunes, aunque hay personas que lo llevaron al extremo, como la protagonista de la historia.

Vamos a desplazarnos en el tiempo hasta la mañana del 29 de enero de 1979 en San Diego, California. A la jovencita Brenda Ann Spencer le costaba lo suyo levantarse de la cama para ir al colegio, que podía divisar desde la ventana de su habitación. Brenda no era una chica como las demás, aparte de sufrir varios trastornos mentales que la marginaron de la sociedad, su padre era un alcohólico que, en alguna de sus borracheras, le puso la mano encima. Para más inri, cuando ella, por Navidad, le pidió un radiocasete para escuchar su música favorita, al mendrugo de su padre no se le ocurrió nada mejor que regalarle un fusil automático; todo muy normal, muy americano.

Fue entonces cuando Brenda decidió darle uso a ese regalo, se atrincheró en su habitación, abasteciéndose de munición, y empezó la locura, sacó el fusil por la ventana y empezó a disparar indiscriminadamente contra todo lo que se moviera, causando el pánico entre todos los niños que ahí se encontraban. Dos personas murieron en el ataque, el director del centro y el conserje, que protegieron con sus cuerpos a los pequeños, además de causar varios heridos.

El asalto absurdamente duró horas, hasta que se quedó sin munición y los SWAT entraron en la casa para detenerla. Una vez reducida y llevada a prisión, uno de los agentes le preguntó: «¿Por qué lo has hecho?» Y ella con toda tranquilidad argumentó: «No me gustan los lunes». Actualmente, Brenda está encerrada en prisión y ahí se quedará hasta que las ranas críen pelo. Esa absurda respuesta por parte de Brenda dio pie un tiempo después a que Bob Geldof de los Boomtown Rats se inspirara para hacer una canción sobre el suceso.

Brenda Ann Spencer

La letra nos habla de la tragedia e intenta darnos sin éxito una explicación de cómo una chica de dieciséis años cometió tal atrocidad. ¿Hasta qué punto ha de estar dañado su cerebro? El tema fue un éxito en Inglaterra, no tanto en Estados Unidos, ya que aún tenían muy reciente el incidente e incluso vetaron la canción por considerarla morbosamente inoportuna.

Bob Geldof fue también el impulsor de un proyecto que sería recordado durante años. En 1984, revisando un documental de la BBC que hablaba sobre la hambruna en África, Geldof quedó aterrado por las imágenes que ahí se exponían, por lo que ideó un proyecto conjunto de músicos famosos de la época, como Phil Collins, Sting, Bono o George Michael, entre otros, para crear una canción cuyos beneficios irían a parar a África para hacer llegar comida a sus habitantes que morían de hambre. La canción se llamaba «Do They Know It's Christmas?» y fue el éxito de esas Navidades, recaudando 14 millones de dólares. Este acontecimiento le sirvió a Geldof para preparar algo más grande, un macro concierto llamado *Live Aid*, en el que con la misma premisa del single navideño pudieran seguir recaudando fondos para su proyecto africano. La cita fue un 13 de junio de 1985 y se habilitaron dos escenarios, el estadio de Wembley en Inglaterra y el estadio JFK en Filadelfia.

Ahí tocaron uno tras otro grupos de ensueño, entre los que destacaron U2, Dire Straits, Run DMC, Led Zeppelin, Paul McCartney, Duran Duran y Queen. Este último grupo, liderado por Freddie Mercury, dio posiblemente el mejor concierto de veinte minutos que hayáis oído en la vida. Podéis echarle un vistazo ya que está integro en *Youtube*.

Tell me why,	Dime por qué,
I don't like Mondays,	no me gustan los lunes,
tell me why,	dime por qué,
I don't like Mondays,	no me gustan los lunes,
tell me why,	dime por qué,
I don't like Mondays,	no me gustan los lunes,
I want to shut the whole day down.	quiero apagar el día entero.

¿Por qué te inspira?

Aunque para nosotros los lunes no sean tan malos como para tener que salir con un rifle por la calle, sí que es cierto que a todos nos cuesta levantarnos de la cama después de un fin de semana de relax. Y es que con oír la palabra lunes ya nos sentimos predispuestos a pensar que algo va a salir mal, desde la típica rebanada que cumple a rajatabla la ley de Murphy hasta perder el metro por unos pocos segundos y tener que esperar en el andén al siguiente con los cientos de usuarios que han llegado tarde igual que tú. Y, una vez en el curro, hacerte cargo de todo el trabajo que dejaste felizmente a medias el viernes por la tarde. Miras el reloj cada poco, las agujas no avanzan… ¡incluso podría decirse que el tiempo va hacia atrás! Una vez superada la jornada laboral te espera la vuelta a casa. Si vas en transporte público te encontrarás con toda esa gente sudada y asqueada con ganas de llegar a sus hogares, que se meten apretados al máximo en esas latas de sardinas llamadas «metro». En coche la cosa no mejora, ya que si la jornada laboral se te hizo eterna, conducir por la ciudad, con kilómetros de caravana y gente absurda con el dedo pegado al claxon, te va a parecer una odisea digna de Ulises. Y nada, cuando por fin llegues a tu humilde morada… felicidades, ya habrás superado un nuevo lunes. ¡Tienes seis días por delante para encontrarte de nuevo con otro!

Daniel Domínguez

Amor celoso

Suspicious Minds

Elvis Presley

Álbum: *Single Suspicious Minds*
Año: 1968
Compositor: Mark James

Ningún libro de rock estaría completo si en él no se nombrara a Elvis Presley. Influencia principal de muchos músicos posteriores y uno de los primeros en mostrar sus excentricidades.

Para hablar de Elvis, creo preciso que primero conozcáis al que era su manager, el Coronel Parker, este holandés que de muy joven trabajaba anunciando espectáculos que pasarían por su ciudad. Pasados los años y debido a problemas con la justicia de su país que lo relacionaban con el asesinato de una joven, cogió sus trastos y se largó como inmigrante hacia Estados Unidos.

Ahí primero trabajó con animales de circo, y al poco tiempo pasó a tratar con músicos; se supone que para él no había gran diferencia. La pasta le llegaba, pero necesitaba algo más grande, promocionar a una superestrella, y ahí llegó nuestro amigo Elvis, que a mediados de los cincuenta estaba despuntando con su manera de cantar y moverse sobre el escenario, pero que todavía era un pipiolo, por lo que Parker necesitaba el permiso de sus padres para poder hacerse con su control.

Una vez superado este trance, Parker manipuló a Elvis a su antojo, como si fuera un títere y se quedó con el 50% de sus ganancias. Parker era un tipo frío y cerrado en las negociaciones, él imponía una cifra y se debía llegar a ella para que su estrella actuara o grabara. Pero con los años y debido al encasillamiento de Elvis en las baladas que lo apartaban del rock & roll, su estrella fue apagándose, sin contar además con los Beatles y toda la mandanga de Inglaterra.

Es entonces cuando en el embrollo entra Mark James, un músico que compuso y grabó «Suspicious Minds», pero sin lograr ningún éxito (este tío compuso también el mítico «Hooked on a Feeling»…, vaya el Ouga shaka, ouga shaka).

La historia de la canción está basada en los celos de una pareja y de cómo estos pueden arruinarlo todo; por cosas de la vida, este tema llegó a manos de Elvis y, según cuentan, le recordó su relación de altibajos con Priscilla Presley, por lo que deseó grabarla. Todo fue bien hasta que el maldito Coronel Parker llegó al estudio en el que se encontraban

Elvis y Mark James; entonces, Parker le ofreció una miserable oferta por los derechos de la canción a James, y este, enfurecido, cogió sus cosas y ahí os quedáis. Pero para Elvis «Suspicious Minds» era especial y la veía como el modo de volver a ser número uno, por lo que, enfrentándose a la sanguijuela de Parker, grabó la canción sí o sí.

Esta fue un éxito rotundo, alcanzando el número uno en América. Pero eso, solo fue el principio de la cuesta abajo: los absurdos contratos de Parker para arañar pasta de donde fuera y Elvis actuando en Las Vegas cada vez más gordo y embutido en estrafalarios trajes forrados con piedras brillantes y exagerados cinturones que parecían haber sido ganados en combates de lucha libre. Pasó de ser el rey del rock a convertirse en el rey de las hamburguesas.

El público lo iba a ver en masa, pero ahí solo quedaba un fantasma del recuerdo, hecho una bola, sudando como un pollo asado y olvidan-

do partes de sus canciones entre espacios para recuperar el aire. No solo eso, cuando actuaba estaba metido hasta las patillas de anfetas, que mezclaba sin ningún juicio con somníferos y otros cientos de pastillas. Dado su demacrado estado físico y mental, una noche de agosto el corazón del rey dijo basta y con 42 años se acabó... ¿O no?

Hay quienes dijeron ver a un muñeco de cera en el ataúd, que no se parecía en nada al Elvis de las últimas semanas o bien que un tipo parecido a Elvis cogió un vuelo esa misma tarde hacia Argentina, pero bueno... como siempre, siento desilusionaros amigos del misterio, Elvis está fiambre, no le deis más vueltas.

Por cierto, el infame Coronel Parker siguió sacando billetes tanto como pudo de su cliente fallecido, hasta que la justicia años después le puso en su sitio y pasó los beneficios del cantante a Priscilla Presley.

Como curiosidades, pues, hay para escribir un libro, pero podríamos centrarnos en que realmente Elvis era rubio y que de joven se empezó a teñir de negro, así hasta sus últimos días. Y entre sus varias bizarreadas cabe destacar que se instaló una fuente o un grifo de Pepsi en su mansión Graceland.

We can't go on together, with suspicious minds, and be can't build our dreams, on suspicious minds.	No podemos seguir juntos, desconfiando el uno del otro, y no podemos construir nuestros sueños, sobre desconfianza.

¿Por qué te inspira?

Como bien habla de ello la canción, los celos dejaron tocado a Elvis al enterarse de que su mujer Priscilla le estaba siendo infiel con su profesor de karate; a raíz de eso intentó contratar a un asesino a sueldo para que ajusticiara al indeseable del profesor. Por suerte, al final entró en razón y sus humos se bajaron. Como sabéis, los celos son malos, provienen de la desconfianza y pueden hacer que tus relaciones quiebren. No te veo tan paranoico como para buscar en los clasificados a un asesino, como hizo el anfetamínico de Elvis. Pero controla ese comportamiento infantil, piensa que estas aventuras que te perturban, hasta que no se demuestre lo contrario, solo están en tu mente.

Pasión

You Can Leave Your Hat On

Joe Cocker

Álbum: *Cocker*
Año: 1986
Compositor: Randy Newman

Mucho antes que Christian Grey desatara las pasiones más ocultas de muchas mujeres (y algunos hombres) hubo una película que trataba una relación a partir de varios juegos sexuales, desde la sumisión al sado *light*.

El film se llamaba *Nueve semanas y media*, que era el tiempo que duraría dicha relación, y estuvo interpretada por la siempre sexy Kim Basinger y el ahora convertido en muñeco de cera Mickey Rourke a causa de las cantidades industriales de botox en su rostro, aunque por aquel entonces fuese un malote *sex symbol*.

Bien, pues para el film, el director utilizó con acierto una versión de «You Can Leave Your Hat On» de Randy Newman, esta vez cantada por el vozarrón de Joe Cocker para el *striptease* que dedica la protagonista a Mickey Rourke.

No hace falta decir que la escena pasó a la historia y que a partir de entonces cualquier *striptease* de la tierra solo podía llevarse a cabo con la voz de carajillo de Cocker.

La letra nos relata cómo un individuo pide a su acompañante que se vaya quitando piezas de ropa, desde el abrigo a los zapatos, eso sí, dejándose puesto el sombrero.

Las malas lenguas dicen que Randy Newman compuso la canción con especial rencor a la persona que se desnuda (quizás una ex) y que la razón por la que debía quedarse con el sombrero puesto era para tapar su rostro, ya que debía ser más feo que mandar a la abuela a por droga.

Baby, take off your coat really slow, then take off your shoes, I'll take off your shoes, baby, take off your dress, yes, You can leave your hat on.	Nena, quítate el abrigo muy despacio, luego quítate los zapatos, yo te quito los zapatos, nena, quítate el vestido, sí, puedes dejarte puesto el sombrero.

¿Por qué te inspira?

Morboso lector, si en algún momento de tu limitada vida sexual sientes la necesidad de repetir la escena de la película, toma estos generosos consejos.

En primer lugar ten en cuenta el apartado logístico, que nada se interponga en tus torpes movimientos, el cable de una lámpara, un cajón mal cerrado o una silla que cojea pueden terminar el show en el hospital.

En segundo lugar, ¡depílate, por dios!, no parezcas un cactus andante, eso no es sexy a no ser forméis parte del colectivo hippie.

En tercer lugar: ropa interior limpia, por favor, no quieras ver a tu amado recibiendo un calcetín o una media sudada en toda la frente, ¡destrozarás su libido con ese hedor!

Nueve semanas y media

En cuarto lugar y hablando de la ropa interior, intenta que sea sensual, no vengas con las bragas de la abuela o los calzones agujereados, no seas rancio y pásate antes por una tienda de lencería.

Y de regalo, un par de consejos más para una secuencia erótica, si quieres emular la famosa escena de jugar con la comida antes del coito, controla las calorías, no te hinches a chuletones y olivas…, aunque después seguramente ya los quemarás.

Y sobre todo, olvídate de untaros con miel; en las pelis queda muy bien, pero la vida real es más dolorosa y a la hora de querer quitárosla quizá necesitaréis una espátula y grandes dosis de paciencia. Hazme caso, ¡que hablo desde la experiencia!

Light My Fire

The Doors

Álbum: *The Doors*
Año: 1967
Compositor: Robby Krieger

Ya sea por la versión que hizo José Feliciano como por alguna película ambientada en los psicodélicos años sesenta, todos nos sabemos de memoria «Light My Fire», una canción que habla sobre una pareja que está en pleno viaje lisérgico. Y aunque Jim Morrison la hace suya con su tan característica voz, realmente el creador de la canción fue Robby Krieger, el guitarrista del grupo.

Hemos de reconocer que Jim Morrison era un provocador nato (en un concierto que celebró en Florida les espetó a los ahí presentes que eran unos gilipollas y seguidamente les enseñó sus partes nobles), su inestable y compleja personalidad dio fama a The Doors, pero también le creó muchos enemigos, como el famoso presentador de televisión Ed Sullivan, que allá por el año 67 invitó al grupo a su programa para que interpretaran «Light My Fire»; solo puso una condición: debían cambiar el verso «girl, we couldn't get much higher» (algo así como «chica, no podríamos haber llegado tan alto», una referencia directa al colocón), por «girl, we couldn't get much better» («chica, no podríamos haberlo hecho mejor»).

Ya podéis imaginaros qué pasó. El controvertido Jim aceptó las condiciones con esa cara de chico bueno, pero en el momento de cantar la canción decidió cantarla en su versión original, haciendo referencia explícita a lo de colocarse, y añadiendo un perverso gemido que posiblemente provocó varios ataques al corazón en la América más conservadora. Evidentemente, nunca más fueron invitados al programa, aunque poco le importó al bueno de Jim.

Podemos interpretar la canción mucho más allá de un simple «viaje lisérgico»; también habla de vivir sin temor y sin complejos, vivir el ahora… ¡Carpe diem!

> You know that it would be untrue, ♪ ♪ ♪
> You know that I would be a liar,
> if I was to say to you,
> girl, we couldn't get much higher,
> come on baby, light my fire.

> Sabes que sería mentira,
> sabes que yo sería un mentiroso,
> si fuera a decirte,
> chica, no podríamos llegar tan alto,
> Vamos cariño, enciende mi fuego.

¿Por qué te inspira?

Así que estimado lector, si te propones vivir una experiencia intensa con alguien cercano, déjate llevar, ponte «Light My Fire» (si puede ser la versión completa de siete minutazos) y disfruta del colocón, que sea relajante y revelador… y que te eches unas buenas risas ¡con cuidado de no quemarte la ropa si saltan chinas! Pero no lo llevéis al límite, que no me gustaría que acabarais como nuestro amigo Jim.

Se dice, se comenta que no está muerto, que algunos lo han visto con vida andando por las calles de Paris, admirando el trabajo de los pintores en Montmartre… Pero lo cierto es que esos mismos también dijeron haber visto a Elvis en Argentina. Aunque no lo creáis, yo también lo he llegado a ver, pero al rato se me pasaron los efectos del colocón.

¿Estás enfermando de amor?

Sexual Healing

Marvin Gaye

Álbum: *Midnight Love*
Año: 1982
Compositores: David Ritz, Marvin Gaye y Odell Brown

Hubo un tiempo en que la mejor música soul se producía en un solo lugar, la Motown Records. Allí nacieron algunos de los más famosos artistas afroamericanos de la talla de Diana Ross, Michael Jackson o Stevie Wonder.

Entre ellos había uno en particular, Marvin Gaye, que empezó en la Motown tocando para otros grupos de renombre, como Smokie Robinson. Más tarde saltó en solitario publicando álbumes sin mucha repercusión, hasta que a mediados de los sesenta empiezan a caer los éxitos, especialmente son recordados los duetos con Tammi Terrell. El más famoso quizá es «Ain't No Mountain High Enough» o el *mitiquísimo* álbum *What's going on.*

Desgraciadamente Marvin tuvo muchos altibajos en su carrera artística, debido especialmente a su adicción a la cocaína, lo que le llevó a acumular fracasos matrimoniales y arruinarse por mala gestión, llegando en una ocasión a deshacerse de sus diecisiete deportivos para pagar deudas.

A principios de los ochenta, en uno de sus intentos por encauzar su carrera y desintoxicarse de las drogas, viajó a Ostende, una ciudad costera belga. Allí buscó la tranquilidad de la playa para preparar un nuevo álbum, y se llevó a David Ritz, un escritor que a partir de entrevistas elaboraba autobiografías de las estrellas.

Fue en una de estas en las que David, al encontrar cientos de revistas pornográficas en la habitación, le recomendó una «cura sexual» a Marvin. Eso gustó al cantante, inspirándole para la canción que más tarde le daría el único Grammy de su carrera, «Sexual healing». La letra

habla de un sujeto que pide a su amada que concreten un encuentro sexual, ya que él está enfermo de «amor» y ella es su única cura.

El álbum fue todo un éxito y Marvin volvió a los escenarios, pero por desgracia sus demonios internos y paranoias le harían caer de nuevo en el infierno de la droga, volviéndolo inestable hasta el punto de comprar un revólver, que siempre llevaría encima por miedo a que atentaran contra él. Abatido y temeroso, regresó a casa de sus padres buscando protección. Pero Marvin nunca llegaría a pensar que su auténtico enemigo estaba entre esas cuatro paredes. Su padre, un fanático religioso pastor de una secta cristiana, nunca aprobó el ritmo de vida libertino y alocado de su hijo, por lo que en una disputa familiar cogió un arma y disparó varias veces sobre Marvin Gaye, apagando para siempre una de las mejores voces del soul.

> Ooh baby, I'm hot just like an oven,
> I need some lovin',
> and baby, I can't hold it much longer,
> it's getting stronger and stronger,
> and when I get that feeling,
> I want sexual healing.

> Oh nena, estoy caliente como un horno,
> necesito un poco de amor,
> y cariño, no puedo aguantarlo mucho más tiempo,
> se está haciendo más y más fuerte,
> y cuando llegue ese sentimiento,
> quiero curación sexual.

¿Por qué te inspira?

Es bien sabido que hay una serie de canciones que acompañan de maravilla el acto sexual, muchas de ellas ya conocidas, como «Since I've Been Loving You», de Led Zeppelin, o «I'm Going To Love Just a Little More», de Barry White.

La que nos acompaña hoy, «Sexual healing», fue escogida en un estudio realizado por la Universidad Musical de Londres como la segunda preferida en la lista de las mejores canciones que inspiran a tener sexo.

Bien, fogoso lector, si después de una exquisita cena romántica tienes ganas de retozar en la cama (o donde bien se pueda), qué mejor hacerlo acompañado de Marvin Gaye (siempre en sentido metafórico, ya que la necrofilia no está muy bien vista).

Dale al *play* en tu reproductor del ipod o bien del móvil, si aún te queda batería, y déjate atrapar por la sensual voz de Marvin, desatando las pasiones que te han llevado a los pies de la cama con un conocido (o desconocido). Pon el disco en *repeat* tantas veces como haga falta, aunque, como sabrás, algunos con un par de canciones ya tendrán más que de sobras.

Daniel Domínguez

Sweet Dreams
(Are Made Of This)

Eurythmics

Álbum: *Sweet Dreams*
Año: 1983
Compositores: Annie Lennox y David A. Stewart

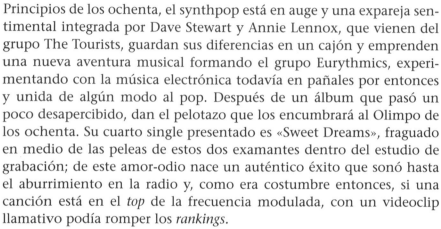

Principios de los ochenta, el synthpop está en auge y una expareja sentimental integrada por Dave Stewart y Annie Lennox, que vienen del grupo The Tourists, guardan sus diferencias en un cajón y emprenden una nueva aventura musical formando el grupo Eurythmics, experimentando con la música electrónica todavía en pañales por entonces y unida de algún modo al pop. Después de un álbum que pasó un poco desapercibido, dan el pelotazo que los encumbrará al Olimpo de los ochenta. Su cuarto single presentado es «Sweet Dreams», fraguado en medio de las peleas de estos dos examantes dentro del estudio de grabación; de este amor-odio nace un auténtico éxito que sonó hasta el aburrimiento en la radio y, como era costumbre entonces, si una canción está en el *top* de la frecuencia modulada, con un videoclip llamativo podía romper los *rankings*.

En él podemos presenciar la imagen andrógina de la cantante Annie Lennox, pálida como un espíritu de los bosques, con el pelo rapado y tintado de naranja y vistiendo un traje con el que jugaba al despiste de su identidad sexual. Su compañero no se quedaba atrás, eran los extraños ochenta y había que ser esperpéntico, aparecía con su «pelo mocho» y unas gafas de soldador. Incluso salía una vaca interpretando la canción, por lo que llamarlo raro es una buena definición para el clip.

Debido a tantas ambigüedades no podemos determinar con exactitud a qué se refiere la canción con sus versos, aunque hay varias hipótesis. La primera de ellas habla de asuntos políticos y como el poder te utiliza y juega contigo, esta versión podría cuadrar, ya que la polifacética Annie Lennox era una comprometida activista metida en varias causas, siendo una de ellas contra la guerra de Irak y el conflicto en Gaza. Por otra parte tenemos la interpretación del perseguidor de sueños, en el que la cantante nos incita a luchar y llegar a nuestras metas o propósitos. Y por último queda la que le gusta al resto de la gente, la que nos habla de sexo sadomasoquista, tan de moda últimamente a causa de libros pseudoeróticos que nacen como setas silvestres en los estantes de las librerías. Si hacemos caso a nuestra pervertida mente, podemos encontrar en los versos de la canción referencias al sado, como por ejemplo en «algunos quieren usarte, otros quieren ser usados por ti», en relación con la dominación. Ninguno de los dos componentes del grupo ha hablado claro acerca del verdadero significado, o sea que cada loco con su tema. Hace poco Spotify lanzó una encuesta sobre las canciones peor entendidas de la historia y este *hit* de Eurythmics estaba en cabeza, ya que los oyentes confunden la parte «Sweet dreams are made of this» por «Sweet dreams are made of cheese», algo así como «que los sueños están hechos de queso». Por su parte, Eurythmics lideró los ochenta para disolverse a principios de la nueva década, con Annie Lennox probando suerte con su carrera en so-

litario y un Dave Stewart produciendo y empleando sus servicios como músico de estudio para artistas como U2 o Mick Jagger.

También y no menos importante fue la versión que hizo Marilyn Manson, evidentemente con cierto toque gótico y un sonido más *heavy*. Es posible que el público de los noventa conozca más la canción por el raro de Marilyn que por el grupo de Annie Lennox.

Marilyn Manson

| Sweet dreams are made of this, who am I to disagree? I travel the world and the seven seas, everybody's looking for something. | Los sueños dulces están hechos de esto, ¿quién soy yo para no estar de acuerdo? Viajo por el mundo y los siete mares, todo el mundo está buscando algo. |

♪ ♪ ♪

¿Por qué te inspira?

Bueno atrevido lector, imaginemos que la curiosidad ligada a la moda del sado por parte de las novelas de Grey y sucedáneos han llevado a que quieras practicar el noble arte del BDSM. No estaría de más tener en cuenta algunos sabios consejos para no salir mal parado.

El primero y obvio es que la otra persona esté de acuerdo en jugar, ya que la cosa se puede salir de madre si de repente empiezas a sacar látigos y maderas delante de la atónita mirada de tu compañero o compañera de cama. Después…, muy importante para los más despistados, tened un doble juego de llaves para vuestras esposas, si tu o la otra persona os quedáis atrapados en ellas, creedme… en las películas queda muy gracioso, pero en la vida real os vais a morir de vergüenza cuando os tengan que sacar de ahí los bomberos, bastantes movidas tienen ellos que aguantar a lo largo de día. También existe la modalidad de atar a alguien con cuerdas, aquí debéis poner especial atención a los colores, ya que estos mandan, me explico… Si la piel mantiene un color pálido, está bien, si se vuelve más rojiza la cosa se pone emocionante, pero si aparece el lila, lo siento, habéis apretado demasiado; id pensando en cómo enfocar la historia cuando llegue el forense.

En la foto, Annie Lennox.

Je T'aime... Moi Non Plus

Serge Gainsbourg – Jane Birkin

Álbum: *Jane Birkin et Serge Gainsbourg*
Año: 1969
Compositor: Serge Gainsbourg

Pasión

Me imagino que todos los compositores están buscando constantemente la perfecta canción de amor, el súmmum sonoro con una parte lírica que pase a la historia de la música por su acercamiento a eso del romance. Pues podríamos decir que Serge Gainsbourg lo consiguió.

Corría el año 68 y la exuberante Brigitte Bardot le pidió al cantante francés Serge Gainsbourg que le escribiera la canción de amor más bella de todos los tiempos. Él, mujeriego reconocido, se puso manos a la obra y, cuando tuvo la canción lista, le dijo a la Bardot que «Je T'aime, Moi Non Plus» ya estaba terminada, pero que quería que ella la cantara con él.

Por aquel entonces Brigitte estaba casada con Gunter Sachs (un fotógrafo y playboy alemán que se ganó el amor de la Bardot lanzándole una tonelada de rosas desde su helicóptero), pero tenía una aventura con el cantante francés. Una vez en el estudio de grabación, Serge y Brigitte se desmelenaron y trajeron al mundo una canción erótica inspirada en el acto sexual. Según dijo el ingeniero de sonido, el orgasmo final de Brigitte era real. Para la parte instrumental, se inspiraron claramente en un éxito británico de los Procol Harum: «A Whiter Shade Of Pale».

Una vez terminada la sesión, se llevaron la cinta y al día siguiente se radió por todo Francia. Con ello llegó la primera polémica; la gente se escandalizó y los abogados de Gunter tomaron acciones legales para prohibir la emisión de la canción, tanto es así que Brigitte le pidió a Serge que retirara el tema, debido a que este podría interferir en su carrera cinematográfica y además no quería cabrear más al cornudo de su marido. Él, por respeto o bien por miedo a que le dieran una torta, encerró la canción en un baúl y se olvidó de ella.

Unos meses después, el director Pierre Grimblat le ofreció a Serge el papel principal de su nueva película, y el de estrella femenina cayó en manos de Jane Birkin, una jovencita que ya despuntó en el cine por ser la imagen del primer desnudo frontal que se pudo ver en una pantalla, en *Blow-Up*.

Aunque al principio se llevaban a regañadientes, al final surgió el amor. Aunque Serge era feo con avaricia, ese toque de vividor daba morbo a algunas mujeres de la época. En medio de una fiesta del estudio, Serge se llevó a Jane a que viera la parte más *underground* de París, un mundo que él, vicioso y bebedor, conocía como la palma de su mano. Acaban en el hotel Hilton y no precisamente para jugar al parchís.

Un tiempo después, Serge, que aún mantenía el recuerdo de «Je T'aime», le propuso a Jane Birkin grabar una nueva versión, esta vez con su voz. Al principio, se negó, pero... ¿quién podía resistirse a Serge? Se volvió a repetir la secuencia, entraron en un estudio de grabación, cantaron cada uno su parte y, *voilà,* ya tenían el tema listo para ser radiado. El disco llevaba una advertencia en la funda: «Solo para mayores de 21». No hace falta preguntarse qué pasó, el mundo se ruborizó y escandalizó con los gemidos de Jane Birkin hasta tal punto que retiraron el álbum en media Europa y parte de América por demasiado pornográfico. El Vaticano se estiró de los pelos y mandó un comunicado a sus creyentes diciendo: «No escuchen la canción, ya que proviene del demonio». Todos sabemos que esta polémica lo único que consiguió fue aumentar la curiosidad del público, que escuchó y compró la canción, por lo que acabó siendo un éxito total de venta, y todavía hoy es una de las canciones más eróticas que existen.

En una ocasión le preguntaron a Serge si realmente tuvieron sexo en la cabina del estudio de grabación para obtener esos gemidos; él, vacilón como siempre, contestó: «Si hubiéramos tenido sexo en el estudio no habría salido un single de cuatro minutos, sino todo un LP».

Je t'aime, je t'aime, oh oui je t'aime, Moi non plus, oh mon amour, comme la vague irrésolue, Je vais, je vais et je viens, entre tes reins.	Te amo, te amo, oh, sí yo te amo, yo tampoco, oh, amor mío, como la ola irresoluta, voy, voy y vengo, entre tus caderas.

¿Por qué te inspira?

Según el ingeniero de sonido que grabó la primera sesión con Serge y Brigitte, estos dos acabaron haciendo el amor en la sala para obtener orgasmos reales. No sería la ultima vez que un artista hiciera algo similar, solo hace falta desplazarnos hasta finales de los ochenta, cuando el líder de los Guns'N'Roses, Axl Rose, tuvo sexo con una *stripper* llamada Adriana Smith mientras grababa la canción «Rocket Queen». De lugares raros para hacer el amor hay varios, por ejemplo dentro de un túnel de lavado mientras el coche esté lleno de espuma. Eso sí, más vale acabar rápido, sino estaréis a la vista de todos en cuanto el coche salga del túnel. Tampoco estaría mal en un viaje en teleférico; si estáis solos y no tenéis la necesidad de contemplar las vistas siempre podéis dar rienda suelta a vuestras fantasías sexuales, aunque, eso sí, no os paséis de fogosos y cuidado con menear mucho la cabina, ya que os puede dar un mareo de mil demonios o, lo que es peor, que os salgáis del rail y quedéis ahí colgados como chorizos a la espera de un rescate.

En la foto, Jane Birkin y Serge Gainsbourg.

Inspiración

Daniel Domínguez

A Horse With No Name

America

Álbum: _America_
Año: 1971
Compositor: Dewey Bunnell

En Estados Unidos la prohibición ha acechado a numerosos intérpretes a lo largo de los años debido al contenido de las letras de sus canciones. Como muestra os propongo el caso del grupo America. Formado en el Reino Unido por tres jóvenes estudiantes (Dewey Bunnell, Gerry Beckley y Dan Peek) que se juntaban después de clase para tocar versiones de sus ídolos, entre ellos Neil Young, y que gracias a una maqueta firman un contrato discográfico con Warner.

Fue durante la creación del álbum cuando surgió la canción. Dewey Bunnell se inspiró en un poema escrito por él mismo durante la adolescencia sobre un viaje a Nuevo México. En él hacía un repaso a esas interminables zonas áridas, con sus montañas rocosas, cactus y, en general, la inmensidad del desierto. Para acabar de darle el toque especial que acompaña a toda la canción, también tomaron prestada inspiración de un cuadro de Dalí que colgaba de las paredes del estudio. De todo ello nació el primer single del grupo «A Horse With No Name», que empezó a sonar en las estaciones de radio más importantes.

El problema surgió cuando algunos de esos DJ's vieron similitudes entre el _horse_ de la canción con la heroína, denominada _caballo_ en jerga callejera, afirmando que la letra era una incitación al consumo de dicha substancia.

La censura americana arremetió contra el grupo y su single fue vetado en la mayoría de radios, consiguiendo el efecto contrario al deseado, ya que con ello hicieron que la canción fuera aún más popular y reclamada por el público, que la llevó hasta el número uno en Estados Unidos, relegando a un segundo puesto «Heart Of Gold» de Neil Young.

En la actualidad en algunos foros aún se debaten las metáforas de la canción, sobre si realmente hablaban de un viaje lisérgico o bien un recorrido al fondo de tu ser, extrayendo interesantes conclusiones.

> I've been through the desert,
> on a horse with no name,
> it felt good to be out of the rain,
> in the desert you can't remember your name,
> because there ain't no one for to give you
> no pain.

> He cruzado el desierto,
> sobre un caballo sin nombre,
> me sentía bien estando fuera de la lluvia,
> en el desierto, no puedes recordar tu nombre,
> porque no hay nadie
> para hacerte daño.

¿Por qué te inspira?

Yo, apreciado lector, suponiendo que tú todavía no te has dado un buen «viaje», me decantare más por la cuestión espiritual. Y es que si estás en ese momento en el que no te encuentras a gusto contigo mismo, si crees que estás más perdido que Tarzán en Nueva York, que nadie te entiende, que todo se te echa encima, quizás necesites hacer ese viaje, donde puedas comunicarte con tu yo interno, como si fueras el caballo de la canción, perdiéndote en la soledad del desierto, redirigiendo tu camino y respondiendo a esas dudas que te nublan la mente, aunque toma esta advertencia: ¡cuidado con los indios, que tienen peyote y te pueden liar!

Daniel Domínguez

Good Vibrations

The Beach Boys

Álbum: *Smiley Smile*
Año: 1966
Compositores: Brian Wilson y Mike Love

Para ponernos a hablar de «Good Vibrations» primero hemos de conocer a su creador, Brian Wilson. Él, sus hermanos y algún pariente cercano más formaron el grupo The Beach Boys a principios de los sesenta. Su música estaba enfocada en el estilo de vida californiano de la época, tomando reminiscencias del rock & roll de principios de los cincuenta además de la moda del surf de sus infinitas playas. De esta fusión nacieron himnos pop como «Surfin' U.S.A» o «I get around».

Llegaron unos cuantos álbumes más con la misma temática, hasta que Brian Wilson, alma creadora del grupo, decidió dejar atrás las líricas dedicadas al mar y a la adolescencia para tratar temas más complejos. Inspirado en el álbum *Rubber Soul* de los Beatles, Brian, como buen genio, tenía todas esas ideas estructuradas en su cabeza, solo debía tocar los botones necesarios para plasmarlas musicalmente. Para ello se embarcó (junto al resto del grupo) en la creación de *Pet Sounds*, el álbum con el que pretendía revolucionar la música. De sus interminables sesiones de grabación con innumerables tomas por canción, nace «Good Vibrations», que sería el súmmum de la creatividad para Brian Wilson. Desgraciadamente, el lento proceso de creación de la canción la deja fuera del álbum. Para que viera la luz en forma de single tuvieron que utilizar 90 horas de producción y la cantidad de 50.000 dólares (una locura por aquel entonces). Una vez en las radios, «Good Vibrations» impresionó tanto al público y al mundo de la música que incluso Paul McCartney y John Lennon enviaron una carta de felicitación a Brian. En España, el tema fue censurado durante un tiempo por el franquismo, ya que consideraron que hablaba sobre temas sexuales y libertinos.

A Brian, la inspiración para el título de la canción le viene cuando de pequeño su madre le dijo que los perros notan las buenas y malas vibraciones en los humanos, por eso ladran cuando están cerca de alguien que creen indeseable. A Brian la idea le motivó, eso además de la cantidad de drogas que en esos años se metió en el cuerpo. Lamentablemente el LSD, unido a sus miedos y paranoias mentales, le provocó esquizofrenia y bipolaridad, llegando a creerse perseguido por la CIA o encontrando mensajes subliminales en las películas que veía. Su carrera como creador de material innovador acabó cuando descubrió el single «Strawberry Fields» de Los Beatles. En ese momento se sintió superado por sus «rivales», aduciendo que ellos ya habían creado todo lo que él tenía en mente y quemó todo lo grabado hasta ese momento, dejando de lado la producción musical y actuando intermitentemente junto a los Beach Boys.

Close my eyes, She's somehow closer now, softly smile, I know she must be kind, when I look in her eyes, She goes with me to a blossom world, I'm pickin' up good vibrations.	Cierro los ojos, ella está de algún modo más cerca ahora, suave sonrisa, sé que debe ser buena, cuando miro en sus ojos, ella va conmigo a un mundo floreciente, estoy recogiendo buenas vibraciones.

Álbum *Pet Sounds*.

Daniel Domínguez

¿Por qué te inspira?

Bueno, amigo lector, en tu día a día te vas a dar de cara con varios tipos de vibraciones (las que guardas en el cajón de tu mesita de noche también cuentan), y el modo de enfocar el trato con el resto de seres vivientes afectará en mayor o menor medida tu entorno de trabajo y tus relaciones sociales o amorosas. Encontrarte con una persona que te sonríe al darte los buenos días, te proporcionará buenas vibraciones. Un diálogo divertido en el trabajo, alguna broma, demostrar gratitud o quitarle hierro a un asunto chungo también puede hacerte sentir de mayor buen humor y crear un buen ambiente.

Eso sí, evita a las llamadas «personas tóxicas», esas que con su mal rollo, quejas, dramas innecesarios y envidias varias te robaran la energía positiva. Haz como el perro de Brian Wilson y ládrales para que huyan a sus cuevas de negatividad.

Sounds Of Silence

Simon & Garfunkel

Álbum: *Wednesday Morning 3 A.M. - Sounds Of Silence*
Año: 1965
Compositor: Paul Simon

Inspiración

¿Sabíais que «Sounds Of Silence» se gestó en el baño de Paul Simon?

Él decía que estar sentado en el lavabo oyendo el agua del grifo caer era muy tranquilizante e inspirador.

Vamos a conocer la historia de esta canción, que hasta obtener el éxito tuvo que pasar por varios intentos frustrados.

Fue justamente después del asesinato de Kennedy cuando Simon, que ya tenía una melodía en su cabeza, quiso darle cuerpo en forma de canción. Pasaron los meses cuando por fin la letra estuvo lista. En ella, Simon quería hablar de la incomunicación del ser humano, del mundo materialista en el que vivimos y del poco empeño que ponemos en las relaciones interpersonales.

Así decidió presentarla al productor de la CBS Tom Wilson, que tenía la idea de dársela a otro grupo, pero, al oírla tocada por Simon y Garfunkel, decidió que se la quedaran ellos. Rápidamente, se grabó el primer álbum, *Wednesday Morning 3 A.M.*, un disco lleno de piezas acústicas. Por desgracia, eran mediados los sesenta y la juventud estaba metida de lleno en la *Beatlemanía*, por lo que el álbum pasó sin pena ni gloria, obligando a Simon y Garfunkel a separarse como grupo.

Más adelante, el productor musical Tom Wilson (el mismo que hizo sonar eléctrico a Dylan) cogió la canción original y pensó que podía mejorar su sonido acompañándola de bajo y guitarras eléctricas. Sin pedir la autorización de sus autores relanzó la canción y esta vez sí que dio en la diana. El público recibió con los brazos abiertos la nueva versión, convirtiéndola en clásico instantáneo y aprovechando el tirón juntaron de nuevo a Simon y Garfunkel para lanzar un álbum que la incluyera.

Tiempo después, el director de cine Mike Nichols pidió a estos que formaran la banda sonora de la película *El graduado*, en la que «Sounds Of Silence» estaba presente.

En el film, un jovencísimo Dustin Hoffman es seducido por la señora Robinson, que lo convierte en su amante hasta que conoce a la hija de esta y las cosas se complican.

La cinta tuvo un éxito arrollador y propulsó aún más la carrera de Simon y Garfunkel, aunque no duró mucho, ya que, por desavenencias en la parte creativa, el grupo se separó definitivamente en 1970, continuando cada uno por su lado, con éxito dispar.

And in the naked light I saw,	Y a la luz desnuda vi,
ten thousand people, maybe more,	a diez mil personas, quizá más,
people talking without speaking,	gente conversando sin hablar,
people hearing without listening,	gente oyendo sin escuchar,
people writing songs,	gente escribiendo canciones,
that voices never share,	que las voces nunca comparten,
and no one dare,	y nadie se atreve,
disturb the sound of silence.	a perturbar el sonido del silencio.

¿Por qué te inspira?

Bueno, ajetreado lector, deja por un momento tus redes sociales y presta atención. Aunque han pasado muchos años desde la creación de la pieza, el mensaje no ha perdido vigencia, ya que nuestro mundo por lo visto sigue igual, consumimos todo lo que nos venden por la televisión y seguimos las modas que nos imponen las marcas.

Debemos levantar la cabeza del móvil (que se ha convertido en una extensión de nuestra mano) y entablar conversaciones menos superficiales, llegando plenamente a los sentimientos del prójimo; así podremos comprender los verdaderos pensamientos y entablar cierta empatía, alejándonos de los silencios de los que habla Simon, a la vez que vivimos por nosotros mismos, decidiendo en cada momento nuestro paso por esta vida.

Daniel Domínguez

Sweet Home Alabama

Lynyrd Skynyrd

Álbum: *Second Helping*
Año: 1974
Compositores: Ed King, Gary Rossington y Ronnie Van Zant

Inspiración

Hablar de Lynyrd Skynyrd es hablar de los pantanos con caimanes, de llevar una camisa de leñador, de cazar ardillas, de mascar tabaco y de casarte con tu hermana.

De entre los muchos géneros musicales que surgieron en la década de los setenta, uno de ellos fue el rock sureño, y, dentro de él, los Lynyrd Skynyrd, con Ronnie Van Zant a la cabeza, parieron el himno más recordado por esas tierras (y por las nuestras).

Primero hablemos del nombre del grupo, que está dedicado con un cariño especial al profesor que tenían en el colegio, un tal Leonard Skinner (sí, en los Simpsons decidieron llamar así al director del centro para de alguna manera rendir tributo a la banda). Este profesor odiaba las largas melenas de Van Zant y compañía, y amenazaba con cortarles la cabellera.

Para hablar de «Sweet Home Alabama» primero nos hemos de referir a Neil Young, ya que este grabó dos canciones protesta, «Southern Man» y «Alabama». En ellas criticaba duramente el estilo de vida del sur, especialmente en lo referente a la esclavitud, el racismo y la

Neil Young vs Ronnie Van Zant.

violencia. A Lynyrd Skynyrd, como a muchos sureños, no gustaron las palabras de Young, por lo que le respondieron con una canción. Esa fue «Sweet Home Alabama», que por una parte rendía homenaje a su amada región (curiosamente ellos eran de Florida) y por otra contestaba a Young, diciéndole que hacia mal metiendo en un saco a todos los sureños por los crímenes cometidos por unos pocos y que no era bienvenido por esos lares. Young al conocer la historia de manos de los Lynyrd les pidió disculpas y en conciertos posteriores se pudo ver a Ronnie Van Zant portando una camiseta de Neil Young.

Llegamos al momento por el cual fueron desgraciadamente conocidos Lynyrd Skynyrd. Después de un par de álbumes de éxito, la banda se juntó en el estudio para lanzar su quinto disco, Street Survivors. En esas sesiones Ronnie Van Zant anunciaba a sus amigos y familiares que no llegaría a los treinta años. Sus palabras proféticas se cumplieron cuando subieron al avión que les debía llevar de gira. Todo fue normal hasta que los pilotos (con bastante inexperiencia) se dieron cuenta que no tenían combustible; eso, unido a varios fallos en las maniobras, acabó con el avión estampado contra el bosque. En el accidente murió la mayoría de los integrantes del grupo, incluyendo a Ronnie Van Zant y los pilotos. Algunos de los supervivientes salieron como pudieron de entre los restos del aeroplano y se acercaron a una granja a pedir auxilio; cuando el granjero les vio ensangrentados y gritando, salió con su escopeta y les disparó, ya os podéis imaginar la escena. Por suerte no les hirió de muerte y pudieron alertar a los demás vecinos para que llamaran a las autoridades. Ese mismo avión días antes fue rechazado por el grupo Aerosmith debido a que le encontraron fallos técnicos y no confiaban en los pilotos.

Como dato curioso, mencionar que en la carátula frontal del álbum Street Survivors salían los miembros de la banda rodeados por llamas, y estas llamas tocaban especialmente a los que realmente murieron en el accidente. ¿Casualidad, conspiración? Al enterarse de la tragedia, los familiares pidieron a la discográfica que cambiara la foto, ya que se había vuelto terriblemente tétrica, por otra sin las llamas. Como último dato, para que veáis lo locos que están algunos fans, años después de que Ronnie Van Zant descansara por fin en el cementerio de Orange Pank en Florida, un grupo de fans fue a profanar la tumba del cantante, simplemente para comprobar si llevaba puesta la camiseta de Neil Young cuando lo enterraron.

> Sweet home Alabama,
> where the skies are so blue,
> sweet home Alabama,
> Lord, I'm coming home to you.

> Alabama dulce hogar,
> donde los cielos son tan azules,
> Alabama dulce hogar,
> Señor, vuelvo a casa contigo.

¿Por qué te inspira?

Lector urbanita, sí crees que la gente de la ciudad camina sin rumbo mirando las pantallas de sus teléfonos móviles, si sientes que los edificios son bestias de metal y cristal, si no puedes soportar más el ritmo estresante de la metrópolis… qué mejor que irse al campo a relajar tu mente y ver pajarracos volando, eso sí… llévate estos consejos de buen *boy scout*. En primer lugar, fíjate en tu vestimenta, la montaña no es un buen sitio para lucir unos zapatos de tacón, ves pensando mejor en unas pesadas botas con suela antideslizante. Pensando en tu seguridad, vendría bien que cogieras un botiquín; tampoco hace falta que lleves media farmacia, pero unas vendas y agua oxigenada no estarán de más. Tener el móvil con batería a tope o un buen GPS de montaña te servirán de ayuda por si estás más perdido que el alambre del pan de molde. Lleva una botella con agua fresca, porque después de andar varios kilómetros debajo del solano lo agradecerás.

Y, por último, recuerda que en el campo no hay lavabos, así que espero que seas bueno haciendo agujeros en el suelo.

Daniel Domínguez

El de arriba te vigila

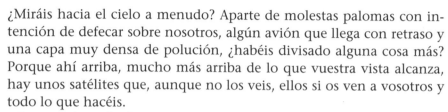

Eye In The Sky

The Alan Parsons Project

Álbum: *Eye In The Sky*
Año: 1982
Compositores: Alan Parsons y Eric Woolfson

¿Miráis hacia el cielo a menudo? Aparte de molestas palomas con intención de defecar sobre nosotros, algún avión que llega con retraso y una capa muy densa de polución, ¿habéis divisado alguna cosa más? Porque ahí arriba, mucho más arriba de lo que vuestra vista alcanza, hay unos satélites que, aunque no los veis, ellos si os ven a vosotros y todo lo que hacéis.

Bueno, después de esta introducción «conspiranoide», es un buen momento para presentar al genio detrás del álbum y la canción «Eye in the sky», que es ni más ni menos que Alan Parsons, cuya carrera musical es larguísima. Podemos remontarnos a cuando los Beatles realizaron ese famoso concierto en la terraza, y, si nos fijamos bien, veremos a un melenudo Alan Parsons corretear por ahí. Y es que este afamado productor e ingeniero musical ha estado detrás de álbumes tan famosos como el indispensable *Dark Side Of The Moon.*

Con el tiempo y la experiencia ganada conoce a otro productor y compositor, Eric Woolfson, y crean un proyecto que nace no como grupo sino más bien como un conjunto de colaboraciones con músicos de estudio y cantantes para plasmar las ideas que emergían de sus cabezas. Los álbumes suelen ser piezas de rock progresivo y estar inspirados en la cultura literaria, en autores como Edgar Allan Poe, Issac Asimov o George Orwell, del que toman la idea de su libro *1984* para el LP *Eye in the sky.*

Resulta que mientras estaban produciendo su anterior álbum, basado en las apuestas y juegos de azar, Eric Woolfson estuvo en un casino y se fijó en la cantidad de cámaras y sistemas de seguridad que había instalados. De ahí le surgió la idea de hasta qué punto estamos vigilados; con eso ya tenían tema para su nuevo álbum. Para esta ocasión, se apartaron un poco del rock progresivo, que estaba de capa caída pasados los setenta, y se centraron en un pop orquestal con suaves melodías y delicadas voces escogidas con ahínco.

La canción influida por el universo de Orwell nos habla de un futuro distópico donde el mundo está dividido en tres estados, todos ellos bajo la estrecha vigilancia del Gran Hermano (en el programa de la tele, los concursantes no aguantarían ni un día viviendo según las normas del auténtico Big Brother), y en que las libertades personales están limitadas y cada movimiento de sus ciudadanos controlado por tecnología. Alan Parsons nos auguró una falta de privacidad en un futuro no muy lejano, y no iba mal encaminado. La antesala de la canción es «Sirius», un tema instrumental inspirado en la mitología egipcia del ojo de Horus, o sea «el ojo que todo lo ve».

También los «conspiranoicos» encontraron en el ojo representado en la carátula una clara referencia a la secta masónica de los Illuminati, que (teóricamente) ejercen un poder total sobre nuestras acciones y están liderados por los magnates más poderosos de la tierra. Aunque bueno, todos estos detalles sirvieron más bien para dar ese toque de misterio al álbum, para que la gente que ve más allá de las estrellas tenga algo extra en qué pensar y para que Iker Jiménez pueda realizar más programas.

Hay también una segunda interpretación que se hizo en su tiempo, mucho más casual, en la que se explica que este «ojo que todo lo ve» hace referencia a un marido despechado que vigila cada paso de su de ex, caso que recuerda mucho al de Sting con su «Every Breath You Take».

| I am the eye in the sky, looking at you, I can read your mind, I am the maker of rules, dealing with fools, I can cheat you blind. | Yo soy el ojo en el cielo, mirándote, puedo leer tu mente, soy quien crea las reglas, tratando con los necios, puedo estafarte como a un ciego. |

¿Por qué te inspira?

Nosotros, sin haber llegado el caso tan extremo de la novela de Orwell, también deberíamos preocuparnos por cómo estamos controlados por la tecnología. ¿Nunca habéis pensado en la publicidad que os aparece en algunas páginas web? ¿En cómo saben tus gustos si solo la has visitado una vez? Todo lo que hay detrás son operaciones matemáticas, números y más números que calculan probabilidades. De todos los contratos que aceptamos cuando abrimos una nueva cuenta de correo o tal vez comprando en alguna página *online*, esa información quieras o no vuela de un lado para otro, se la pasan de mano en mano las diferentes compañías que trafican con todos esos números, vendiendo paquetes de datos a terceros. Puede sonar muy «Cuarto milenio» pero esta era tecnológica constituye un nuevo negocio para las empresas de publicidad, o ¿no os parece extraño que un juego esté completamente gratuito para que lo juguéis desde el móvil? Nadie regala nada por la gracia divina, siempre hay alguien saca algún beneficio. Si no me creéis o pensáis que exagero, podéis seguir enviando fotos subidas de tono a vuestra última conquista de discoteca y rezad para que cuando la dejéis por otro u otra, el angelito y el demonio que tiene sobre los hombros no estén muy cabreados, sino formaréis parte del *Hall Of Fame* de las fotos eróticas de Internet.

Álbum *Eye In The Sky*.

Visite nuestro hotel

Hotel California

Eagles

Álbum: *Hotel California*
Año: 1976
Compositores: Don Felder, Don Henley, Glenn Frey

En el mundo del rock hay un lugar donde a muchos fans les gustaría hospedarse, el mítico «Hotel California». ¡Aunque si supieran la auténtica historia que rodea la canción se les quitarían las ganas!

Primero de todo vamos a desmitificar la portada, lo siento por todos vosotros pero el Hotel California como tal no existe, el que luce como frontal del LP es el Beverly Hills Hotel, también llamado Pink Palace que se encuentra en Sunset Boulevard, por si alguien está de paso por ahí y quiere aprovechar para hacerse la foto de rigor.

La letra de «Hotel California», escrita por Don Henley, tiene infinidad de interpretaciones a causa de su texto confuso y de la ambigüedad de las respuestas que han dado el resto de integrantes de la banda cuando se les ha preguntado por ella.

Primero nos ceñiremos a la versión del grupo. Ellos hablaban de la letra como de una crítica al universo musical, los efectos negativos de la fama y de cómo se puede entrar en una espiral de vicios relacionados con el alcohol, las drogas y las mujeres, de donde es muy difícil salir. La mayoría de integrantes del grupo tenían sobrada experiencia con el tema al verse inmersos en el infierno de los excesos, lo que vendría a ser el lado oscuro del sueño americano.

Podríamos creer esta versión proveniente de las afirmaciones del grupo, pero las mentes más inquietas han inspeccionado cada segundo del álbum y la carátula para ofrecer una visión más terrorífica que la versión oficial.

Una de ellas nos habla del disco como una invitación al satanismo, ya que las malas lenguas aseguran que por aquel entonces los integrantes de la banda querían rendir tributo al creador de la Iglesia De Satán, Anton Lavey, que les encomendó la tarea de crear un tema que expandiera el pensamiento de Satán a los oyentes. Si nos ponemos quisquillosos, al poner ciertas partes de la canción al revés oiremos claramente estos mensajes encriptados que dicen adorar al demonio. También en la contraportada del álbum, si observamos atentamente, veremos un murciélago, cabezas demoníacas e incluso, en un balcón, al mismo Anton Lavey, por lo que no estaríamos muy equivocados al afirmar que el grupo tenía contactos estrechos con el mundo de la magia negra.

Otra de las versiones nos relata que la verdad sobre el significado de la canción se encuentra en un famoso psiquiátrico llamado Camarillo State Hospital, por el que pasaron figuras importantes como el saxofonista Charlie Parker, conocido heroinómano que probó tratamientos de electroshock para intentar curar su adicción. Sobre el psiquiátrico podemos encontrar textos terroríficos, ya que en

El mago negro Anton Lavey.

él tenían cabida todo tipo de pacientes, desde inmigrantes que no conocían otra lengua que la suya, pasando por prostitutas y gente adicta a todo tipo de substancias. Quizá los mismos Eagles visitaron el lugar en condición de clientes y sus malas experiencias dieran vida a la canción.

Nunca conoceremos la versión real, pero lo que sí sabemos es que la canción fue un éxito rotundo, curiosamente los mismos miembros de la banda no creyeron que el tema llegaría lejos, dudando de si presentarlo como single o bien como relleno.

También por aquel entonces el formato de la canción no sería el adecuado, ya que los seis minutos que dura Hotel California se pasaba de largo los tres minutos reglamentarios para sonar en las FM.

♪ ♪ ♪

Welcome to the hotel California,
such a lovely place,
such a lovely place,
such a lovely face.

Bienvenido al hotel California,
qué lugar tan encantador,
qué lugar tan encantador,
qué hermosa fachada.

¿Por qué te inspira?

Si os gusta viajar y soleis hospedaros en hoteles, algunos de ellos, por la pésima calidad de sus servicios, os harán desear pasar una noche en el Hotel California con Anton Lavey antes que volver a contratar sus servicios. Y es que, a quién no le ha pasado llegar cargado de maletas a altas horas de la madrugada a la recepción y que no haya rastro de nuestra reserva anticipada o, por confiar en las fotos *online,* encontrarnos con una habitación diminuta donde tendremos que transformarnos en piezas de tetris si queremos caber (ya no hablemos de si vamos acompañados). Otro clásico son las paredes de papel de fumar, por las que podremos conocer las interesantes conversaciones y discusiones de vuestros vecinos de al lado y casi

Álbum *Hotel California.*

participar en sus actos sexuales más desenfrenados. Tampoco se libran los que tienen mala higiene, donde podemos encontrarnos con cucarachas tan grandes que tendremos que considerarlas compañeras de habitación, y que se vuelven especialmente juguetonas en las horas de descanso nocturno... Como en casa, en ninguna parte.

Daniel Domínguez

Our House

Madness

Álbum: _The Rise & Fall_
Año: 1982
Compositores: Chris Foreman y Cathal Smyth

A finales de los setenta en Inglaterra se vive un movimiento cultural y social que despierta del letargo un género llamado ska. Pero para entender esta música, debemos hacer un viaje hasta la Jamaica de los cincuenta; ahí, producto de la fusión de jazz, rhythm & blues y los ritmos caribeños, nace un ska primitivo, pero que marca la base de esta música de carácter festivo por la que corre sangre caribeña. Se dice que a mediados de los sesenta una ola de calor asoló Jamaica y los músicos agotados por el sofocante sol tocaban sus instrumentos a un ritmo más pausado, eso llevó al nacimiento de un nuevo género a partir del ska, el llamado rocksteady, con unos tempos menos revolucionados. Y ya si estiramos un poco más la historia aparecerá el famoso reggae, siendo más lento aún que los dos anteriores.

La primera oleada de ska se debe a las migraciones de jamaicanos a Inglaterra, pero se funde rápidamente al no poder luchar contra el poderoso rock. Para ello habrá que esperar hasta finales de los setenta, en pleno mandato de la «Dama de Hierro» y sus revueltas obreras. De esa clase social resurge el ska con varios grupos propagando su música, entre ellos The Specials y Madness.

Digamos que The Specials fue la banda que cogía la parte más pura del ska, más seria y con mayor carga social en sus letras. Por otro lado, tenemos a los que nos interesan, los Madness, un grupo de británicos alocados (como bien indica su nombre) que estimulaban el sonido, llamándolo «nutty sound» o, lo que sería lo mismo, «sonido chiflado», acelerando la base del ska clásico y añadiéndole un toque macarra. En sus primeras canciones, sus letras trataban temas cotidianos con un toque humorístico, aunque pronto buscaron una salida más comercial, acercándose el pop, y con él empezaron a caer los hits, eso sí, especialmente en Inglaterra, ya que Madness es puro sonido y estilo de vida inglés, con sus barrios obreros e ingleses borrachos como cubas en los pubs.

La energía y _buenrollismo_ de sus actuaciones los hacen cercanos a los más pequeños, este hecho hará que adelanten el horario de sus conciertos para facilitar la entrada a todos los públicos. Pero podéis intuir que no todo era simpatía hacia el grupo, ya que hubo gente que lo consideraba racista, en parte debido a la asistencia de skins a sus conciertos y al hecho de que el vocalista de Madness fuera amigo de Ian Stuart, un tipejo que formó parte del movimiento neonazi por esos años. Aunque si lo pensáis bien todo esto es una estupidez, ya que Madness eran fanáticos de la música negra, especialmente influidos por la jamaicana, o sea que de xenófobos poco debían de tener.

Su canción más famosa fue curiosamente la que menos sonaba a Madness, ya que «Our House» era una pieza alejada del ska y tirando más bien al pop. El videoclip nos muestra a la banda en una típica casa inglesa y sus enloquecidos integrantes haciendo las tareas cotidianas que se suceden en ella, todo con un humor muy *british*.

Como curiosidad, destacaremos lo ocurrido en una actuación celebrada en 1991, durante el festival de Madstock en Londres. Era tanta la energía que se generaba en sus conciertos que durante la interpretación del temazo «One Step Beyond» y como consecuencia de los saltos al unísono por parte del público, provocaron un terremoto de 4,5 en la escala Richter, causando el temblor de los edificios cercanos y la consiguiente evacuación de sus vecinos.

> Our house, in the middle of our street, our house, in the middle of our... something tells you that you've got to get away from it.

> Nuestra casa, en el medio de nuestra calle, nuestra casa, en el medio de nuestra... algo te dice que tienes que huir de ella.

¿Por qué te inspira?

Después de oír «Our House» de Madness, no podemos evitar pensar en lo complejo que puede llegar a ser vivir con los padres, más aun si tenemos hermanos. Toda esta gente correteando arriba y abajo por la casa puede alterar nuestros ya de por sí sensibles nervios. Pero no creáis que ir a vivir solo va a ser un camino de rosas; para empezar olvidaos de tener siempre vuestra ropa limpita y en el armario, a partir de ahora nos tocará limpiarla cada semana, aunque ya puedo notar desde aquí vuestro espíritu perezoso e imaginar que en menos de dos semanas habrá cantidades ingentes de ropa apelotonada, recuperando por necesidad vital la que menos sucia esté para aguantar un día más sin hacer la colada. Este mismo fenómeno se repetirá en los platos sucios, dejando que el número de moscas que los revolotean indiquen cuál es el momento adecuado de pasarles un poco de agua. Pero no todo es negativo, en el lado de «lo bueno» está el no dar explicaciones a nadie de nuestras acciones, podemos volver completamente borrachos a casa tropezando con todo el mobiliario sin despertar a nadie más que a los sufridos vecinos. Y el placer de comer cinco quilos de helado en tarrina viendo seis temporadas seguidas de nuestra serie favorita. ¿Y qué me decís de andar completamente en bolas por la casa? Nadie nos verá… excepto cuando pasemos por delante de la ventana y coincidamos con algún vecino *voyeur* al que alegraréis la vista o bien le provocaréis tal repulsión que decida tapiar su única fuente de luz solar.

Date una vuelta

Voyage Voyage
Desireless

Álbum: *François*
Año: 1985
Compositores: Dominique Albert Dubois y Jean-Michel Rivat

Supongo que alguna vez habéis escuchado las palabras «One Hit Won-der». Para los que no estéis familiarizados con la jerga musical os diré que estas están destinadas a una canción o grupo que fue extrema-damente popular y que después desapareció del mercado musical por causas diversas, aunque las más frecuentes son el no haber sacado nin-gún disco más al mercado o no lograr alcanzar un éxito similar y ex-tinguirse. Todas las décadas hemos escuchado «One Hit Wonders», por ejemplo, en los sesenta teníamos el «Sugar Sugar» de los Archies y en los setenta «Pop Corn» de Hot Butter. Pero los ochenta llegaron espe-cialmente surtidos de productos de este tipo, el sintetizador se apar-taba de la música disco y se hacía amigo del pop, naciendo multitud de subgéneros como el synth pop, también llamado tecnopop, que básicamente eran ritmos electrónicos tocados en teclados sintetizados haciendo *loops* sin llegar al toque *chunda chunda* del futuro Dance y fusionados con los estribillos pegajosos de la música pop. También era muy importante el videoclip: marcar una tendencia con un peinado hortera *ochentero* y ropa *fashion* color fucsia, además de unos pasos de baile ortopédicos, podía dar a tu canción el empujón definitivo para convertirse en un superventas. En este nuevo formato las canciones y grupos efímeros aparecían hasta debajo de las piedras, pensad que quien tenía la suerte de toparse con la fórmula del «One Hit Wonder» podía vivir de derechos por el resto de su vida sin dar palo al agua; era como la fiebre del oro de la industria musical en los ochenta. Algu-nos afortunados de la época fueron la alemana Nena con su «99 Luft-ballons» o Sabrina y su «Boys, Boys, Boys», que, con su falso directo en televisión y por los problemas que la ley de la gravedad producía en su sujetador, puso patas arriba a muchos telespectadores que en ese momento disfrutaban de la noche de fin de año del 87, declarándose fans absolutos de la cantante instantáneamente. Pero centrémonos en una de las canciones estrella, «Voyage Voyage», de la francesa Desire-less, una artista polifacética que tanto se podía dedicar al mundo de la moda como a la pintura, y todo se le da bien. Pero su proyecto musical que es el que nos interesa fue creado después de un viaje a la India que le cambió la vida y su forma de pensar. Es en 1983 cuando conoce a un músico llamado Jean Michel Rivat, que le escribe el tema que la haría famosa. «Voyage Voyage» habla de un viaje, aunque lo hace de varias formas, tanto en el sentido de ver mundo y poder comparar las experiencias con otras culturas, para así abrirse y entender maneras de pensar más allá de la occidental, como en el de viaje espiritual de la mente para evadirse de las cosas chungas que nos rodean. La imagen de Desireless, como muchas en los ochenta, era andrógina, jugando al despiste, con un peinado tipo *cani*, o sea, rapado por los lados y los pelos de punta como escarpias, ganándose el cariño del colectivo gay. El tema, que curiosamente fue número dos en Francia sí que alcanzó número uno en países en los que la música gala no es especialmente famosa, como Japón o América. Y es que aunque mucha gente no tiene ni idea de francés convirtió la canción en favorita para ser escuchada en los interminables viajes en coche. Pasado un tiempo, Desireless trajo al mercado un par más de álbumes, que no pudieron superar el éxito que le dio «Voyage Voyage», por lo que se dedicó a la pintura y ahora vive apartada del mundanal ruido de la ciudad, en una casa de campo, rodeada de animalicos.

Voyage voyage,
plus loin que nuit et le jour,
dans l'espace inouï de l'amour,
sur l'eau sacrée d'un fleuve indien,
et jamais ne reviens.

Viaja, viaja,
más lejos que la noche y el día,
por el espacio lleno de amor,
sobre el agua sagrada de un río indio,
para nunca volver.

¿Por qué te inspira?

Imagino que a algunos de vosotros os ha dado alguna vez por coger una mochila, un mapa, un billete de avión y salir a descubrir mundo como hizo en su día nuestra amiga Desireless. Para que vuestra travesía sea lo más apacible posible, dejad que os dé algún consejo sobre dejaros llevar por la aventura. Lo primero la parte buena; al ir solos podéis hacer prácticamente lo que os venga en gana, hacer y deshacer a vuestro antojo, sin que nadie se queje porque estáis demasiado rato en este bar o por si no os queréis hacer una foto en determinado monumento. Eso también os servirá para poder despejar la mente, abriros si sois tímidos o bien aprender a manejar bien los billetes. Como malas, la primera es la soledad, en algún momento de vuestro viaje, si sois un ser humano, necesitaréis a alguien ahí al lado para contarle vuestras paridas. Lo del dinero, si vais solos, a no ser que seáis el viejo del Monopoly, va a escasear, eso repercutirá en los sitios donde os alojéis, posiblemente sean albergues ratoneras donde quizás encontréis a gente que no va a gustaros, pero bueno… ellos son también viajeros solitarios como vosotros. Y lo más importante… si vuestro destino es la India, llevad siempre un rollo de papel higiénico encima, me lo agradeceréis de por vida.

En la foto, Claudie Fritsch-Mentrop, conocida artísticamente como Desireless.

Inspiración

Daniel Domínguez

White Rabbit

Jefferson Airplane

Álbum: *Surrealistic Pillow*
Año: 1967
Compositor: Grace Slick

Vamos a seguir al conejo blanco hacia su madriguera, por lo que en este viaje necesitaremos unos pantalones de campana, chalecos y gafas enormes. Poned flores en vuestro pelo y, eso sí, ¡nada de mal karma!

Corrían finales de los sesenta y Estados Unidos luchaba en una guerra perdida de antemano en Vietnam. A partir de la indignación ciudadana nace el movimiento del Flower Power, un canto al pacifismo que quedó plasmado en una famosa foto donde un grupo de manifestantes pone sus flores en el cañón de los fusiles de los soldados que cierran su paso hacia el Pentágono. Entre todo este lío, un género musical surgido a mediados de los sesenta se hace fuerte, es el rock psicodélico, influido por la cultura india y adobado con las drogas de moda en la época: porros y LSD. Si querías estar en la onda, los grupos que debías seguir sí o sí eran los Byrds, Grateful Dead y Jefferson Airplane. De estos últimos pillamos la canción «White Rabbit», himno declarado de la psicodelia y los colocones con ácido. Grace Slick se hizo con el puesto de cantante para el segundo disco de Jefferson Airplane, que titularon *Surrealistic Pillow,* a partir de las palabras del líder de Grateful Dead, Jerry Garcia, quién mencionó que el álbum le sonaba como una almohada surrealista. No hace falta decir que Jerry Garcia iba siempre hasta las trancas de drogas y así lo demostraba en sus lisérgicos conciertos. Esto le pasó factura, ya que de tanto darle al ácido se quedó pájaro y con el tiempo tuvo que ser ingresado en una institución psiquiátrica, vaya... que se pasó de psicodélico.

Pero volvamos a «White Rabbit»; la canción está inspirada en el cuento de Lewis Carroll *Alicia en el país de las maravillas,* especialmente en las lecturas que recibía de sus padres Grace Slick cuando era niña. Ya de mayor y con una mente más despierta, Grace llegó a la conclusión

de que Carroll escribió el libro para concienciar a los padres que debían ser tolerantes con las drogas, ya que estas ayudan a proporcionar una versión más abierta del mundo y la realidad. No sé si Carroll era un tipo del que te puedas fiar. Si revisáis la historia real de Alicia, comprobaréis que Carroll estaba hecho un asaltacunas. En la canción, Grace hace referencia a varios personajes del libro, desde la oruga fumadora hasta la reina que pedía la cabeza de cualquiera que desobedeciera sus órdenes. La letra es un viaje onírico al mundo de fantasía en el que Alicia acaba perdida. Es también el viaje que emprendieron los componentes del grupo al colocarse para grabar el disco.

Todas las reacciones del *Flower Power* se concentraron en un clímax perfecto, «el verano del amor» del 67, y con él vino el Festival de Monterrey, donde grandes músicos como The Animals, Otis Redding, The Who o los mismos Jefferson Airplane actuaron gratuitamente y el dinero que se recaudó para ver el concierto fue donado a la beneficencia. No hubo altercados ni actos violentos; bueno... hubo un fenómeno que pasó al top ten de la anécdotas del rock: Jimi Hendrix al finalizar su recital decidió que era el momento de hacer un ritual, se arrodilló delante de su guitarra Fender y le prendió fuego para después golpearla contra el escenario. Él quizá no lo sabía, pero estaba haciendo historia.

And if you go chasing rabbits,	Y si vas persiguiendo conejos,
and you know you're going to fall,	y sabes que te vas a caer,
tell 'em a hookah smoking caterpillar,	diles que una oruga fumando en pipa,
has given you the call,	te ha llamado,
call Alice,	llama a Alicia,
when she was just small.	cuando era simplemente pequeña.

¿Por qué te inspira?

En algunas fases de nuestra vida podemos encontrarnos más perdidos que Marco el día de la madre, sin saber qué camino seguir o trazar, y, como la Alicia del libro, en nuestra travesía pueden aparecer varios tipos de personas, algunos, como el gato de Cheshire, más cabroncetes, que en vez de ayudar van a hacer que nos sintamos más perdidos todavía. Por esa razón, si dependes de otros para poder encontrar de nuevo el rumbo en tu vida, mejor que vayas con pies de plomo. No todos van a daros buenos consejos, sea por el puro morbo de regodearse con tu dilema o porque no están capacitados para ayudarte, ya que lo que a uno le va bien no significa que se adapte a tus necesidades.

Échame una mano, anda

With A Little Help From My Friends

The Beatles

Álbum: *Sgt. Pepper's Lonely Hearts Club Band*
Año: 1967
Compositores: Lennon y McCartney

En plena etapa psicodélica, los Beatles, empapados en LSD, se pusieron manos a la obra para crear un álbum diferente. Hacía un año que habían dejado de hacer giras y tenían ganas de experimentar en el estudio, estrujando al máximo la tecnología de la época. Con él darían un nuevo paso más en la industria musical. El resultado sería El *Sgt. Pepper's*, que fue grabado como si fuera un álbum conceptual, representado como un concierto al aire libre en un parque, como las antiguas orquestas. En él se contaban varias historias, desde la del Sargento Pimienta hasta la amiga Lucy en el cielo con diamantes. La imaginación de los cuatro de Liverpool era desbordada, ayudada por el ácido antes mencionado, claro.

Para «With A Little Help From My Friends», Paul y John (que por entonces ya se llevaban como el culo debido a sus egos) escribieron una pieza a medida para que fuera cantada por Ringo, que, aunque buen baterista, quizás era el que tenía menos talento de los cuatro a nivel de composición, por lo que siempre le tendían una canción que pudiera interpretar; esta, por ejemplo, la escribieron pensando en notas que pudiera cantar un niño pequeño. La letra más tontorrona e inocente que las demás también encajaba con el carácter bonachón y reconciliador de Ringo.

El primer título desechado de la canción fue «Bad Finger Boogie» porque por esos días John Lennon se había fracturado el dedo y tenía que tocar el piano con el «dedo malo». Este título fue posteriormente escogido por un grupo producido por la compañía de los Beatles, Apple Corps., que se hicieron llamar Badfinger (pero eso ya es otra historia). Volviendo al pequeño Ringo, comentar que hizo cambiar a Lennon uno de los primeros versos de la canción en los que decía que si desafinaba le tiraran tomates, temeroso que los fans locos se tomaran esas palabras al pie de la letra; en los versos cambiados pedía simplemente que si se mostraban molestos se fueran. Este tema podría ser autobiográfico, un canto a la amistad en la que Ringo hablaba sobre lo necesarios que son los amigos y lo importante que es el apoyo de estos en momentos duros. Como no podía ser de otra forma, con una relectura de la canción se pueden extraer varios significados a la letra, especialmente si cambiabas el «friends» del título por la droga de moda entonces, que bien podía ser ácido o marihuana. Debido a eso, en varios países se censuró la canción y no estuvo incluida en el álbum.

Detrás del álbum hay mil historias y libros enteros para desgranarlas, por lo cual es muy difícil comentarlas en estas pocas líneas, aunque nos quedaremos con la leyenda urbana (que aún dura) que cuenta que Paul McCartney murió en accidente de coche en 1966 y fue reemplazado por un tipo al que descubrieron en un concurso de dobles. Evidentemente, eso es un bulo inventado por gente que en su momento tenía demasiado tiempo libre, pero fue retroalimentado por los propios Beatles, que jugaron con el mito y daban falsas pistas sobre esta muerte en las carátulas de los discos (en la del *Sgt. Pepper's* podéis encontrar varias) y en canciones como «I Am The Walrus». El auténtico accidente que tuvo Paul fue con su motocicleta y a causa de una herida en su labio se dejó el bigote que luce en *Sgt. Pepper's*.

Como anécdota final podemos contar que llevaron el tema de la experimentación al máximo nivel, e incluso al finalizar la pista «A Day In The Life» incluyeron un silbido que solo es audible para nuestros compañeros caninos. No hay que olvidar la espectacular versión que se marcó solo un año después el por aquel entonces semidesconocido Joe Cocker, que cambió completamente el registro de la canción, convirtiéndola en un blues-rock.

Joe Cocker.

| I get by with a little help from my friends,
 I get high with a little help from my friends, <br> gonna try with a little help from my friends. | Lo conseguiré con una pequeña ayuda de mis amigos, <br> llego alto con una pequeña ayuda de mis amigos, <br> lo intentaré con una pequeña ayuda de mis amigos. |

Daniel Domínguez

¿Por qué te inspira?

Todos hemos tenido uno de esos momentos en los que una mano amiga ha venido de maravilla. Por ejemplo, quién no ha salido de fiesta y ha bebido más de la cuenta, quedando amparado en las buenas manos de algún compañero de juergas, que ha tenido que arrastrar tu embriagado cuerpo hasta tu casa o bien hasta la suya, aguantando los efectos secundarios de sobrepasar los límites del alcohol. También algunos han tenido más paciencia que el santo Job, al tener que consolarte después de un fracaso amoroso (del que anteriormente te habían advertido) y tener que cargar con tus pañuelos llenos de mocos y lágrimas. Seguro que te has encontrado en cientos de situaciones parecidas, por lo que recuerda rendir el mejor de los tributos a estos amigos que desinteresadamente están presentes en tus peripecias diarias.

Bibliografía

Lewitinn, Sarah, *The Pocket DJ*, Simon Spotlight Entertaiment, New York, 2005

Blythe, Danicl, *Thc Encyclopaedia Of Classic 80s Pop*, Allison & Bubsy Limited, London, 2002

Heatley, Michael, Hopkinson, Frank, *The Girl In The Song*, Portico, London, 2010

Valiño, Xavier, *El gran circo del rock*, T&B Editores, Madrid, 2005

Morse, Tim, *Classic Rock Stories*, St. Martin's Griffin, New York, 1998

Damsker, Matt, *Rock Voices*, St. Martin's Press, New York, 1980

Satué, Francisco J, *¡Más madera! Una historia del rock*, Belacqua, Barcelona, 2004

Herman, Gary, *Historia trágica del rock*, Ediciones RobinBook, Barcelona, 2009

Roberts, David, *Crónicas del rock*, Lunwerg, Barcelona, 2013

Paytress, Mark, *La historia del rock*, Parragon, Barcelona, 2012

Davis, Stephen, Jim Morrison: *Life, Death, Legend*, Gotham Books, New York, 2005

Davis, Stephen, *Hammer Of The Gods*: The Led Zeppelin Saga, Harper Collins, New York, 2008

Muniesa, Mariano, *The Who*, Cátedra, Madrid, 2001

Brooks, Greg, Lupton, Simon, Bulsara, Jer, *Freddie Mercury: His life in his own words*, Omnibus Press, UK, 2009

Gillet, Charlie, *The Sound Of The City*, Da Capo Press, Boston, 1996

Assante, Ernesto, *Leyendas del rock*, Blume, Barcelona, 2014

Carballo Blanco, María Encina, Manjarín, Pedro Martínez, *Anecdotario del rock*, Bubock Publishing, Madrid, 2012

Emerick, Geoff, Massey, Howard, *El sonido de los Beatles*, Blume, Barcelona, 2011

Christie, Ian, *El sonido de la bestia,* Ma Non Troppo, Barcelona, 2005

Shapiro, Harry, *Eric Clapton*, Cátedra, Madrid, 1993

Egan, Sean, *Los discos del cambio*, Ma Non Troppo, Barcelona, 2009

Bianciotto, Jordi, *Guía Universal del Rock*, Ma Non Troppo, Barcelona, 2011

Tracklisting

Dime qué canción escuchas y te diré qué esconde

Qué mejor que acompañar este libro escuchando una selección de las canciones que aparecen en él. ¡Gracias a la avanzada tecnología humanoide, ahora es posible! Para ello solo debéis acceder vía web al streaming de Spotify siguiendo este enlace:

http://bit.ly/dimequecancionescuchaslibro

Ahí encontraréis tanto las canciones originales como las versiones que las hicieron famosas. Debemos aclarar que debido a derechos de autor y mandangas varias del complejo mundo de los negocios en Internet, en alguna ocasión es posible que no esté disponible alguna de ellas. Ante ese momento de frustración siempre podéis sintonizar alguna estación de radio nostálgica o en el más loco de los casos incluso salir a la calle y pasaros por alguna tienda a comprar un CD o vinilo (estos actualmente a precio de caviar).

En la misma colección:

Dime qué te pasa y te diré qué peli ver
Lara Malvesí y Sandra S. Lopera

Un libro muy original que entusiasmará a las personas aficionadas al cine pero que también complacerá a las poco cinéfilas porque les permitirá conocer películas que, casi con seguridad, querrán ver después de leer el libro.

Una suerte de manual de autoayuda que nos transporta a la idea de que siempre hay una película para cada ocasión y para cada momento. Este divertido y práctico libro centrado en el amor, hacerse mayor, la amistad, la familia, el trabajo y el sexo te ofrece respuestas frescas y sencillas a situaciones cotidianas en forma de películas de todos los tiempos. ¿Qué trozos de ti o de tu vida hay en las películas?

- Si tengo miedo al compromiso… *Desayuno con diamantes.*
- Si tengo una cita con un desconocido… *Cita a ciegas.*
- Si dudo sobre si debo divorciarme… *Historia de lo nuestro.*

Dime cómo te sientes y te diré qué peli ver
Ana Riera

Después del *best seller Dime qué te pasa y te diré qué peli ver* aparece esta nueva entrega, tan original y divertida como aquella, sobre cómo el cine llega a nuestras vidas, afecta a nuestros sentimientos, condiciona nuestras emociones y en ocasiones cambia nuestra percepción del mundo que nos rodea. Aunque a diferencia de aquel primer libro que nos hablaba de la amistad, la familia, el trabajo y el sexo este enfatiza aspectos más emocionales y espirituales. Desengaños, desvelos, desamores, tratados por la sensibilidad de los mejores creadores del séptimo arte que han sabido considerar de manera emotiva los grandes temas que acechan a la humanidad.

- Si te preguntas por qué se marchita el amor… *Annie Hall.*
- Si no tienes nada en común con tu pareja… *Descalzos por el parque.*
- Si tu hermano abusa de tu buena fe… *Un funeral de muerte.*